Der politische Weg zum ersten Grundgesetz einer Gemeinschaft

Christian Staub, geboren 1962, studierte Rechtswissenschaft in der Schweiz und in Frankreich. Er widmet sich seit mehreren Jahren der Schriftstellerei. *Der politische Weg zum ersten Grundgesetz einer Gemeinschaft* ist das dritte einer Reihe von Büchern, die ab Mitte 1999 geschrieben wurden. Von ihm ist bisher *Wer sind wir? Die Identität Europas* und *Kosovo. Eine rechtliche Analyse* erschienen.

CHRISTIAN STAUB

Der politische Weg zum ersten Grundgesetz einer Gemeinschaft

Mit Exkursen über die Legitimität einer Verfassung und den unvollendeten Konstitutionalismus in Großbritannien

Books on Demand Verlag
Norderstedt

Bibliographische Informationen Der Deutschen Bibliothek:
Die Deutsche Bibliothek verzeichnet diese Publikation in der Deutschen Nationalbibliographie; detaillierte bibliographische Daten sind im Internet über http://dnb.ddb.de abrufbar.

Herstellung und Verlag:
Books on Demand GmbH, Norderstedt

ISBN 978-3-8370-4238-2

Inhalt

Einleitung 9

A. Die erste schriftliche Verfassung
Frankreichs 15

B. Die Gründung Italiens 23

C. Die Schaffung der Schweizerischen
Eidgenossenschaft im Jahre 1848 25

Vorgeschichte 26
Der politische Weg 42
Würdigung des politischen Weges 63

Schluss 69

Exkurs 1:
Die Legitimität einer Verfassung 70

Exkurs 2:
Der unvollendete Konstitutionalismus in
Großbritannien 75

Literaturverzeichnis 94

Einleitung

Jede wissenschaftliche Abhandlung im Bereich des Verfassungsrechts „ist vor die Notwendigkeit gestellt, zwischen der politischen Erkenntnis und derjenigen des positiven Rechts zu unterscheiden".[1] So beginnt der Rechtsgelehrte Siegenthaler das Vorwort zu seiner Studie zu den ‚materiellen Schranken der Verfassungsrevision als Problem des positiven Rechts'. Es ist daher ein Genuss zu sehen, wie Professor Henke diese wichtige Sentenz anwendet und die zentralen Begriffe des öffentlichen Lebens, insbesondere Demokratie, Volk, Herrschaft und Verfassung (Grundgesetz), einerseits in ihrer politischen, andererseits in ihrer rechtlichen Bedeutung untersucht.[2] „Auch der Begriff der verfassunggebenden Gewalt ist ein Begriff mit doppelter, politischer und rechtlicher Bedeutung"[3], stellt Henke klar. Die umfangreiche neuere Literatur, die sich dem Thema der verfassunggebenden Gewalt widmet,

---

[1] Siegenthaler (Verfassungsrevision) S. XXIII.
[2] Vgl. Henke (Verfassunggebende Gewalt) S. 202ff.
[3] Henke (Verfassunggebende Gewalt) S. 204.

begnügt sich, wie von Beyme[1] zu Recht feststellt, vorwiegend mit der Analyse einzelner Verfassungen oder rechtlicher Fragen. Eine Rechtsordnung, auf deren oberster Stufe das Grundgesetz steht, hat, wie wir wissen, die Regelung des Zusammenlebens aller Menschen einer menschlichen Gemeinschaft zum Gegenstand. Wie diese Gemeinschaft entstanden ist, ist aber nicht eine Frage des Rechts, sondern wurzelt ausschließlich im Politischen; es ist, wie Siegenthaler schreibt, „eine Frage der soziologischen, ethnologischen, machtmäßigen Voraussetzung für den Zusammenschluss zur Gemeinschaft".[2] Im Verhältnis zum umfangreichen Schrifttum, das sich des juristischen Aspekts der verfassunggebenden Gewalt annimmt, kommt das, was sich vor dem Recht abspielt, also in der reinen Politik im Hinblick auf den Zusammenschluss zu einer Gemeinschaft, bisher in der Literatur der Politikwissenschaft zu kurz.

Aber nicht nur die Erkenntnis, dass der Weg zum Erlass des *ersten* Grundgesetzes einer Gemeinschaft durch das Politische führt, ist von Wichtigkeit. Ebenso von Bedeutung ist die Identifikation des Schöpfers dieses Grundgesetzes, d. h. desjenigen, dem die Willensbildung über den Erlass des Grundgesetzes zukommt. Dass zwischen diesem Schöpfer und dem einen

---

[1]   Vgl. von Beyme (Verfassunggebende Gewalt) S. 5.
[2]   Siegenthaler (Verfassungsrevision) S. 59.

10

politischen Weg, den er beschreitet, ein enger Zusammenhang besteht, kommt im Satz zum Ausdruck, den der bekannte französische Politikwissenschaftler Burdeau in seinem klassischen Werk der Politikwissenschaft schrieb: „Um die Befreiung der verfassunggebenden Gewalt von jeder Reglementierung zu markieren, nennt man sie die *originäre* verfassunggebende Gewalt." Zu diesem Ergebnis ist er gelangt, weil einige Zeilen davor auch er streng die Unterscheidung zwischen Politik und Recht vollzog: „Entweder betrachtet man die verfassunggebende Gewalt so, wie sie hinsichtlich ihrer Einrichtung und Ausübung außerhalb jeder positiven Rechtsnorm existiert; oder man betrachtet sie so, wie es das positive Recht vorsieht und seine Intervention organisiert. Mit anderen Worten: Man situiert sie entweder außerhalb oder innerhalb einer vorgegebenen Rechtsordnung." Außerhalb einer ‚vorgegebenen' Rechtsordnung? Burdeau schränkt seine Aussage korrekterweise sogleich ein, indem er – und das ist entscheidend – einräumt: „Es ist gewiss, in der Tat, dass es Fälle gibt, wo sich die Frage stellt, wem die verfassunggebende Gewalt gehört, ohne dass sich eine Lösung aus einem früheren Statut ergibt." Das komme dann vor, hebt er hervor, wenn es darum gehe, „die erste Verfassung" einer Gemeinschaft, eines Landes oder einer Nation zu setzen. Die Situation sei dieselbe, wenn nach einer Revolution, die die frühere Verfassung außer Kraft gesetzt habe, „eine neue Verfassung" zu erlassen sei. Da es in einer solchen

Situation nicht in Frage kommen könne, das Organ zu benutzen, das die frühere Verfassung vorgesehen habe, stehe man vor einem vergleichbaren Fall wie dem vorhergehenden.[1] Auf den letztgenannten Fall, wo ein neues Grundgesetz erlassen werden soll, weil das alte durch Krieg, Revolution oder ähnlich gelagerte Ereignisse seine Daseinsberechtigung verloren hat, wird nicht eingegangen.[2] Hingegen befassen wir uns hier

---

[1] Zu all dem Burdeau (Science politique) Band IV, S. 190.

[2] Dennoch soll hier kurz auf den Fall der Entstehungsgeschichte des Grundgesetzes für die Bundesrepublik Deutschland in den Nachkriegsjahren 1948/49 hingewiesen werden, das seitdem zwar gilt, aber stets im provisorischen Zustand verharrt (Artikel 146 GG). Ein diesbezüglich wichtiger Punkt ist, dass den Anstoß zur deutschen Verfassungsgebung die ‚Frankfurter Dokumente‘ vom 1. Juli 1948 gaben, die sich eng an die Beschlüsse der Londoner Sechs-Mächte-Konferenz anlehnten, die ohne deutsche Beteiligung stattgefunden hatte. Mit einem dieser Dokumente autorisierten die Militärgouverneure der drei Besatzungszonen in Deutschland „die Ministerpräsidenten der Länder ihrer Zonen, eine Verfassunggebende Versammlung einzuberufen, die spätestens am 1. September 1948 zusammentreten sollte“. Weiter heißt es darin: „Wenn die Verfassung in der von der Verfassunggebenden Versammlung ausgearbeiteten Form mit (den formulierten) allgemeinen Grundsätzen nicht in Widerspruch steht, werden die Militärgouverneure ihre Vorlage zur Ratifizierung genehmigen.“ Unter dem Druck der inneren, machtmäßigen Umstände musste der ganze politische Prozess zum Erlass des Grundgesetzes im Wesentlichen ent-

12

ausführlich mit dem ersten Fall, mit der Setzung des ersten Grundgesetzes, das eine Gemeinschaft von Bürgerinnen und Bürgern sich gibt oder erzwingt. Die Setzung der ersten schriftlichen französischen Verfassung aus dem Jahre 1791 ist ein bekanntes Beispiel dafür, das in der Literatur wiederkehrend erscheint und das deswegen kurz dargelegt wird (A). Auf die Gründung Italiens wird nur ganz kurz eingegangen (B). Das dritte Beispiel, das hier dargelegt wird, ist das bekannteste und eindrücklichste, weshalb es in der politischen und juristischen Literatur auch oft zu finden ist. Es muss eingehend erörtert werden: die Schaffung der Schweizerischen Eidgenossenschaft im Jahre 1848 – des Europa en miniature, im Kleinen, wie sie heute zu Recht liebevoll genannt wird (C). Die Schluss-

---

sprechend den Vorstellungen der Besatzungsmächte verlaufen. Nach der Einberufung und der am 1. September 1948 erfolgten Eröffnung und Konstituierung verabschiedete der Parlamentarische Rat am 8. Mai 1949 das Grundgesetz, woraufhin es am 12. Mai 1949 von den Militärgouverneuren, als den Auftraggebern des Grundgesetzes, zur Annahme durch die Landtage genehmigt wurde. [Das Dokument ist in Deutsch abgedruckt in: Deutschland (Parlamentarischer Rat) Band I, Dokument Nr. 4, S. 30ff., vgl. auch Band VIII, S. LXII, Band IX, Dokument Nr. 1, S. 2, 12, Dokument Nr. 12, S. 693; englische Fassung in: The Department of State (Germany) S. 275; französische Fassung in: Jahrbuch des öffentlichen Rechts der Gegenwart 1 (1951), S. 1f.]

folgerung, die aus diesen drei Beispielen gezogen wird, markiert den Abschluss des ganzen Themenbereichs.

A. Die erste schriftliche Verfassung Frankreichs

Als der französische König Ludwig XVI. zum ersten Mal seit 1614 die Generalstände, d. h. den Adel, den Klerus und den dritten Stand, das Bürgertum, auf den 1. Mai 1789 einberufen ließ, war das Ancien Régime in keiner guten Verfassung. Einige Monate zuvor hatte bereits die Broschüre ‚Qu'est-ce que le Tiers Etat?' (Was ist der dritte Stand?), worin der Autor Sieyès, Theologe und Politiker, zwischen der verfassunggebenden Gewalt (pouvoir constituant) und den verfassten Gewalten (pouvoirs constitués) unterschied, zu einem Bewusstseinsschub und zu einer zusätzlichen Radikalisierung der Geister geführt. Die Gemüter weiter erhitzt hatten auch heikle juristische Fragen bezüglich der Einberufungsmodalitäten und der Verteilung der Sitze in den Generalständen, über die zunächst einmal Klarheit geschaffen werden musste. Nach Monaten der Unschlüssigkeit hatte der König dem dritten Stand, der in der Vergangenheit zunehmend an Bedeutung gewonnen hatte, das Doppelte an Sitzen gewährt, ohne sich aber über die Frage des

Stimmrechts auszusprechen.[1] Am 5. Mai 1789 wurde die Sitzung der Generalstände, die 1200 Vertreter umfasste, 300 für den Adel, 300 für den Klerus und 600 für den dritten Stand, im ‚Hôtel des Menus-Plaisirs' zu Versailles eröffnet. Von da an nahm die Geschichte den dramatischen Lauf, den die europäischen Bürgerinnen und Bürger alle kennen. Der dritte Stand weigerte sich, sich zu konstituieren. Er wollte weder in getrennter Ordnung beraten, noch die Stimme pro Stand akzeptieren, noch wollte er etwas von den Problemen des Ancien Régime hören, für deren Lösung er jedoch gewählt worden war. Vielmehr wollte er gemeinsam mit den anderen zwei Ständen tagen, die Stimme pro Kopf und eine Verfassung, die sich an den König und seine Regierung richtete und beide umfassend band. Mit solchen Bedingungen konnten der Adel und der Klerus nicht einverstanden sein, woraufhin diese an den Ort zurückkehrten, der ihnen zugewiesen worden war, während der dritte Stand mangels Lokal im großen Saal des ‚Hôtel des Menus-Plaisirs' blieb.[2] Am 6. Mai gaben sich die Vertreter des dritten Standes den Namen ‚die Versammlung der Kommunen' (Assemblée des communes).[3] Am 10. Juni sandte der dritte Stand den anderen beiden Ständen eine letzte Einladung, in der sie aufgefordert

---

[1] Vgl. Emeri/Bidégaray (Constitution) S. 27.
[2] Vgl. Morabito/Bourmaud (Histoire) S. 38.
[3] Vgl. Pavia (1791) S. 334.

wurden, sich ihm in einer beratenden Versammlung anzuschließen. Aber nur einige Vertreter des Klerus kamen dieser Aufforderung nach. Mit der Begründung, er repräsentiere mindestens 96 Hundertstel der Nation, proklamierte sich der dritte Stand auf Antrag von Sieyès am 17. Juni 1789 zur ‚Nationalversammlung' (Assemblée nationale). An die Stelle einer in Klassen geteilten französischen Gesellschaft trat damit die Idee einer homogenen Nation.[1] Dieser Akt des dritten Standes wird gemeinhin als Staatsstreich gedeutet.[2] Daraufhin traten die restlichen Vertreter des Klerus in die nationale Versammlung ein. Nachdem die Vertreter am Morgen des 20. Juni zu ihrer Überraschung das Portal des ‚Hôtel des Menus-Plaisirs' verschlossen vorgefunden hatten (eine vom König angeordnete Maßnahme), begaben sie sich gleich zum nahe gelegenen Saal des ‚Jeu de Paume'. Dort schworen sie, die Vertreter des dritten Standes und des Klerus, in Einstimmigkeit minus eine Stimme, sich nicht zu trennen, „bis die Verfassung des Königreichs erlassen ist und auf einem soliden Fundament steht" (Schwur des ‚Jeu

---

[1] Vgl. Emeri/Bidégaray (Constitution) S. 27.

[2] Unter dem Begriff ‚Staatsstreich' versteht man heute gemeinhin einen Regierungswechsel, der unter Verletzung des in der geltenden Verfassung vorgesehenen Verfahrens durch eine Aktion von innerhalb des Staatsapparates stehenden Gruppen herbeigeführt wurde. [Vgl. Duhamel/Mény (Dictionnaire) S. 240f.]

de Paume').[1] Der Adel rief sogleich den König zu Hilfe, der am 23. Juni die am 17. Juni gefällten Beschlüsse der Vertreter des dritten Standes für nichtig erklärte. Der dritte Stand, der unaufhörlich die Unterstützung der Bürger für seine Ziele reklamierte, suchte und auch bekam, blieb jedoch unnachgiebig und war entschlossen, bis zum Letzten zu gehen, wie etwa die Worte Mirabeaus, eines führenden Kopfes des dritten Standes, offenbarten: „Wir werden uns nur durch die Macht der Bajonette von unseren Plätzen vertreiben lassen."[2] Der König musste am 27. Juni nachgeben und lud den Adel ein, in der Nationalversammlung Einsitz zu nehmen, was dieser auch tat. Am 9. Juli 1789 trat dann das wichtigste und folgenreichste Ereignis ein: Die Nationalversammlung erhob sich über die gesamte Politik, König und Regierung eingeschlossen, in eine für diese unerreichbare Stufe und konstituierte sich selbst[3] zur ‚Verfassunggebenden Versammlung' (Constituante)[4] – ohne sich dafür auf irgendeine Zuständigkeitsnorm zu stützen, die es nicht gab und nicht geben

---

[1] Zitiert nach Morabito/Bourmaud (Histoire) S. 41, Emeri/Bidégaray (Constitution) S. 27.

[2] Mirabeau, zitiert nach Emeri/Bidégaray (Constitution) S. 28.

[3] Zur Bedeutung des Begriffs ‚constitutif' bzw. ‚constitutive' (rechtsbegründend) vgl. z. B. Cornu (Vocabulaire) S. 209.

[4] Vgl. Emeri/Bidégaray (Constitution) S. 28, Morabito/Bourmaud (Histoire) S. 41.

konnte.[1] Mit dieser Konstituierung zur Verfassunggebenden Versammlung war die Machtfrage um die Befugnis zur Formulierung der Verfassung zugunsten des dritten Standes entschieden, der die fortschrittlichste und geistig führende Schicht Frankreichs umfasste. Gleichzeitig war damit die Rebellion des dritten Standes abgeschlossen.

Es ist hier nicht der Ort auszuführen, ob die Nationalversammlung sich nun bereits durch den Schwur im Saal des ‚Jeu de Paume' oder erst am 9. Juli (Proklamation) zur verfassunggebenden Instanz konstituierte, da dies den Rahmen dieser Abhandlung sprengen würde. Bedeutsamer ist etwas anderes. Der König tat einen unklugen, unverzeihlichen und folgenschweren Schritt, der zwar glücklicherweise nicht Unheil über Frankreich brachte, der das Land aber dennoch in seinen Grundfesten erschütterte und gestern,

---

[1] Stellvertretend für viele: Morabito/Bourmaud (Histoire) S. 56, Maunz (Gewalt) S. 317, der schreibt, dass der französische König die Generalstände einberief „und diese konstituierten sich, ohne durch einen formellen Auftrag dazu ermächtigt zu sein, als verfassunggebende Nationalversammlung".
Dass die einberufende Instanz gewöhnlich überspielt wird, dürfte nicht überraschen, wenn man weiß, dass diese ja fast definitionsgemäß Teil des Problems ist, das eine verfassunggebende Versammlung lösen soll. Wenn das alte Regime gravierende Mängel aufweist, warum sollte sich die Versammlung an seine Weisungen halten?

heute, morgen, für immer, im Gedächtnis Frankreichs und seiner Bürger haften bleibt: Nachdem die Nationalversammlung sich an jenem Tag selbst zur Verfassunggebenden Versammlung, d. h. zur Instanz, die für die Formulierung der ersten französischen Verfassung zuständig war, proklamiert, konstituiert und damit am 9. Juli den Machtkampf endgültig für sich entschieden hatte, reagierte der unbeholfen agierende König. Er ließ durch die Regierung seine Truppen um Versailles versammeln (zwecks Besetzung von Paris?) und beabsichtigte auf diese Weise die bereits endgültig gefallene Kampfentscheidung zu seinen Gunsten umzustoßen. Als Paris davon erfuhr, geriet die ganze Stadt in Aufruhr! Wie hätte das Volk nicht bestürzt sein sollen, wenn seine einzige verbliebene Hoffnung, die Verfassunggebende Versammlung, in Gefahr geriete? Am 14. Juli 1789 – der 14. Juli ist der Nationalfeiertag Frankreichs – kam es zur Erstürmung und zur Einnahme der Bastille, Symbol der königlichen Unfähigkeit, Schwäche und Willkür. Der König verzichtete sogleich auf die verheerende militärische Intervention, die für beide Seiten blutig ausgefallen wäre, und schickte seine Truppen wieder zurück in die Kasernen. Mit diesem Triumph zeigten die einfachen Bürger, wo die politische Macht wurzelt und wogegen sie sich nötigenfalls richten kann. Nachdem die geistig führende Schicht bereits obsiegt hatte, setzten sich nun auch die einfachen Bürger, die mangels Stimm- und Wahlrecht ihre Unzufriedenheit auf die Straße trugen, gegen ihre

20

politische Führung durch. Der König wurde, nachdem
er eine weitere politische Dummheit begangen hatte,
der Guillotine zugeführt.

Eine solche omnipotente Versammlung, die einerseits als Nationalversammlung die gesetzgebende Gewalt ausübte, d. h. Gesetze aufhob, erließ und änderte,
und andererseits als Verfassunggebende Versammlung
auch (und allein) für die Formulierung des ersten
französischen Verfassungstextes zuständig war, konnte
ihre Arbeit kaum gut verrichten. Ein Durcheinander
richtete sich tatsächlich ein, indem die Unterscheidung
in verfassungsrechtliche und gesetzliche Bestimmungen, die man anfänglich noch für leicht durchführ-
bar erachtet hatte, im Laufe der Monate zunehmend
Probleme erzeugte.[1] Zudem brach in der Versammlung
ein Streit um die richtigen Institutionen und die
Machtverteilung zwischen den verschiedenen Gewalten
aus. Dazu kam noch, dass die Nationalversammlung
mehrere unüberlegte Maßnahmen beschloss, welche
die Arbeiten am Verfassungstext in Mitleidenschaft
zogen. Auch sah sich die Constituante einer in Paris
und im Land herrschenden instabilen politischen Lage
gegenüber, die ihre Arbeit verzögerte. Erst nach mehr
als zwei Jahren, am 3. September 1791, stimmte die
Verfassunggebende Versammlung über den definitiven
Verfassungstext ab und erließ damit die erste schrift-

---

[1] Vgl. Debbasch (Constitution) S. 113.

liche französische Verfassung. Die Bürger wurden an der Willensbildung über die Setzung der ersten französischen Verfassung nicht beteiligt.[1] Am 13. September 1791 akzeptierte sie der König, wobei Robespierre Wert auf die Feststellung legte, die Versammlung habe nicht die Verfassung dem König zur Prüfung vorgelegt, sondern nur die Frage, ob er auch künftig König der Franzosen sein wolle.[2] Damit wollte er ausdrücklich klarmachen, dass der König bereits zu einer der verfassten Gewalten geworden sei, also nicht teilhatte an der zur Setzung der Verfassung befugten Gewalt. Am folgenden Tag schwor der König Treue auf die Verfassung. Kurz darauf löste sich die Constituante auf. Frankreich hat im Laufe der folgenden hundertfünfzig Jahre in dem Maß, wie es seine innerstaatliche Demokratie ausbaute, noch andere, bessere Verfassungen bekommen. Aber „alle späteren französischen Verfassungen haben sich im Verhältnis zu diesem originären Moment (im Jahr 1789) definiert".[3]

---

[1] Mit dem anschließenden Siegeszug der Demokratie in Europa, in der alle Staatsgewalt vom Volk bzw. von Völkern ausgeht, wird allerdings auch in Frankreich ausschließlich das Volk als Subjekt der verfassunggebenden Gewalt fungieren.

[2] Vgl. von Beyme (Verfassunggebende Gewalt) S. 30.

[3] Colas (Textes constitutionnels) S. 599.

B. Die Gründung Italiens

Die Erkenntnis, dass Politik und Recht scharf voneinander zu unterscheiden sind, ist nicht neueren Datums. Den Kern der Sache, um die es hier geht, völlig richtig erfasst hat bereits der große deutsche Rechtsgelehrte Jellinek. Vor mehr als hundert Jahren schrieb er, dass „nicht nur Gewalt, auch friedliche innere Entwicklung" einen institutionellen Zustand überwindet, der mit seiner Zeit nicht mehr in Einklang ist, und diesen in einen angemessenen hinüberführt. „Trotz dieses tiefgehenden Unterschiedes", fährt er fort, „findet aber in beiden Fällen eine völlige Neuschöpfung statt, die sich juristisch aus dem früheren Zustande nicht ableiten lässt." Dies zeigt er beispielhaft anhand der Bildung des Königreichs Italien. „Das Königreich Italien ist nicht etwa dadurch entstanden, dass Sardinien die Lombardei, Parma, Toskana, Neapel usw. sich annektierte, denn mittels dieser Annexionen hätte nur ein vergrößertes Sardinien mit sardischen Bürgern entstehen können, aber kein Italien mit Italienern." In der Tat ist das Gebilde, dem man den Namen Italien gab, keine Schöpfung Sardiniens, sondern es entstand im dritten Viertel des 19. Jahrhunderts durch den

Willen und die Tat der Völker der verschiedenen gewachsenen Gemeinschaften, von denen übrigens einige
Grundgesetze besaßen, etwa das Königreich beider
Sizilien, der Kirchenstaat, die Toskana, das Königreich
Sardinien. „Alle Vorgänge, durch welche (die Gründung Italiens) geschah, entbehren der juristischen
Qualifikation, es sind Fakta, welche historisch, aber
nicht mit einer juristischen Formel begriffen werden
können."[1]

---

[1] Zu all dem Jellinek (Staatenverbindungen) S. 264.

C. Die Schaffung der Schweizerischen Eidgenossenschaft im Jahre 1848

Zunächst wird eine kurze Darstellung der Vorgeschichte gegeben (1). Dann wollen wir den zum ersten schweizerischen Grundgesetz führenden politischen Weg abschreiten, der im Jahr 1848 mit der Annahme des Grundgesetzes durch „die Mehrheit der gleichartigen Mehrheiten der Stimmberechtigten"[1] der Völker aus den 22 souveränen Nationalstaaten zu Ende ging (2).[2] Daran anschließend werden die damaligen politischen Vorgänge gewürdigt (3).

---

[1] Siegenthaler (Verfassungsrevision) S. 65.

[2] Die ersten zwei Abschnitte beruhen auf der Bearbeitung folgender Werke der klassischen schweizerischen Geschichtsschreibung: Gagliardi (Geschichte) Band III, S. 1256–1424; Rappard (Constitution) S. 108–131 und S. 385–389; derselbe (Bundesverfassung) S. 121–148 und S. 429–434; Bonjour (Gründung); derselbe (Geschichte) Band I, S. 225–304; Dierauer (Geschichte) Band V/zweite Hälfte; Oechsli (Einigung) S. 11–28; derselbe (Formation) S. 11–28; derselbe (Unificazione) S. 11–29; derselbe (Unity) S. 236–254; Handbuch der Schweizer Geschichte, Band II, S. 873–994. Außerdem Kölz (Ver-

Vorgeschichte

Nach dem Ende der napoleonischen Fremdherrschaft kam es auf dem Gebiet der heutigen Schweiz insoweit nur zu einer unvollständigen Wiederherstellung (Restauration) der vorrevolutionären, alten eidgenössischen Ordnung, als neben den damals vorbestehenden 13 souveränen Nationalstaaten 9 weitere in diese Stellung aufrückten, darunter etwa die so bekannten wie das italienischsprachige Tessin oder das französischsprachige Genf, der Geburtsort Jean-Jacques Rousseaus. Damit zählte man 1815 auf dem Gebiet der heutigen Schweiz insgesamt 22 souveräne, auch finanziell und wirtschaftspolitisch selbstständige Nationalstaaten, deren Führung in den Händen der älteren Politikergenerationen lag. Diese souveränen Staaten, die auch als ‚Kantone' bezeichnet wurden (und heute

---

fassungsgeschichte) Band I, S. 177–553; Gruner/ Haeberli (Werden) S. 1–50; Feuz (Schweizergeschichte) S. 255–312; Fetscherin (Repertorium der Abschiede der eidgenössischen Tagsatzungen aus den Jahren 1814 bis 1848) Band I, S. 384–396 und Band II, S. 747–783; Revisionskommission (Protokoll über die Verhandlungen der am 16. August 1847 durch die hohe eidgenössische Tagsatzung mit der Revision des Bundesvertrages vom 7. August 1815 beauftragten Kommission); Oechsli (Quellenbuch/1886) S. 487–525; derselbe (Quellenbuch/ 1910) S. 509–512; Kölz (Quellenbuch) Band I, S. 230–446.

noch so heißen), fanden sich auf der Grundlage des Bundesvertrages vom 7. August 1815 wieder, der die Ordnung ihrer gegenseitigen völkerrechtlichen Beziehungen zum Gegenstand hatte.[1] Der Bundesvertrag von 1815 brachte als Organisationsform ein Gebilde, das ein lockerer Staatenbund war. Die korrekte Reihenfolge der Kompetenzübertragung wurde insofern eingehalten, als auf den Bund nur einige wenige, erstrangige Kompetenzen übergingen, etwa die auswärtige Politik, die Oberaufsicht über das Militärwesen und, damit kein Rückgriff auf ausländische Staaten oder Organisationen erfolgen musste, die zwischenstaatliche Streitschlichtung. Dafür mussten sich die Kantone ihre bisher uneingeschränkte Souveränität leicht beschneiden lassen. Für die nahezu unendlich vielen anderen Belange waren ausschließlich die Regierungen der Kantone zuständig. Jeder Mitgliedstaat blieb daher ein geschlossener Markt mit Zoll-, Finanz-, Münz- und Posthoheit. Sonderbünde zwischen einzelnen Mitgliedstaaten waren gestattet, sofern sie nicht die Rechte anderer Mitgliedstaaten verletzten. Weil die Mitgliedstaaten nicht dazu verpflichtet wurden, gewährten sie auch keine Niederlassungsfreiheit für außerstaatliche Bürger (es gab keine Freizügigkeit der Menschen von einem Mitgliedstaat in den andern!), was das Heranwachsen einer schweizerischen Nation kaum förderte.

---

[1] Der Bundesvertrag vom 7. August 1815 ist abgedruckt in: Kölz (Quellenbuch) Band I, S. 193ff.

Die einzige Behörde auf Bundesebene war die Tagsatzung, in der alle 22 Staaten, ob groß oder klein, mit je einer Stimme durch ihre Delegierten, meist die Staats- und Regierungschefs, vertreten waren (die zwei in Halbkantone geteilten kleinen Staaten besaßen nur eine, gemeinsame Stimme). Damit ein Beschluss Gültigkeit erlangte, musste ihm die absolute Mehrheit der mitgliedstaatlichen Stimmen zufallen, also zwölf Stimmen. Eine Revisionsmöglichkeit sah der Bundesvertrag nicht vor.

Im Laufe der folgenden Jahre zeigte sich schnell, dass der Staatenvertrag von 1815 in der geltenden Form keine gedeihliche Ordnung für die Mitgliedstaaten und ihre Völker festgelegt hatte. Statt den schweizerischen Völkern ihr zivilisatorisches Fortkommen zu ermöglichen, behinderte er sie allgemein, womit ein langsamer Rückzug großer Teile der schweizerischen Bevölkerung in ihre jeweilige kultivierte staatliche Häuslichkeit begann. Die Regierungen der Mitgliedstaaten, in denen die älteren Politikergenerationen ja wieder unangefochten das Zepter übernommen hatten, fügten diesem rückwärts gewandten Prozess das ihrige bei, indem sie kein Interesse zeigten, etwas daran zu ändern. Unter dem Schutze ihrer nahezu uneingeschränkten nationalstaatlichen Souveränität, über die sie streng wachten, schöpften sie vielmehr zum Schaden der Mitgliedstaaten und des Bundes aus ihren fast grenzenlosen politischen Möglichkeiten. Auf

Bundesebene hingegen waren die Staats- und Regierungschefs, die zugleich als Delegierte ihrer Mitgliedstaaten in der einzigen Bundesbehörde, der Tagsatzung, amtierten, dergestalt überfordert, dass sie dem Druck ihrer Altersgenossen in den ausländischen konservativen Regierungen, die sich unter Führung Metternichs der Behütung der ‚Wiener Ordnung‘ verschrieben hatten, zusehends nachgaben. Zu offenkundig hatte sich auf Bundesebene ein Autoritätsvakuum geöffnet. In Ermangelung eines Militärwesens, das auf der Höhe der Zeit stand und dem Ausland Respekt abgenötigt und seine Lust auf reaktionäre Interventionen gedämpft hätte, musste unter ausländischem Druck unter anderem eine weit über die Bundesgrenzen hinaus bekannte (verhasste und bejubelte!) Zeitung freiheitlicher Gesinnung ihr Erscheinen einstellen. Zwei Jahre danach, wiederum unter dem Druck des Auslandes, das zunehmend eine drohende und erpresserische Haltung einnahm, verpflichtete die unterwürfige Tagsatzung die Mitgliedstaaten in einem unwürdigen Akt, eine strenge innerstaatliche Pressezensur auszuüben und keine politischen Flüchtlinge aus den Nachbarländern mehr aufzunehmen – eine Maßnahme, die erst Jahre später, als der Druck des Auslandes nachließ, aufgehoben wurde. Die feste Überzeugung, dass es so nicht mehr weitergehen könne, dass die konservativen Regierungen der Mitgliedstaaten zwar Wohlfahrt, Ruhe und Stabilität garantierten, aber auf Kosten der politischen Eigenständigkeit, der Freiheit und der Würde, ließ in vielen Staaten eine Freiheitsbewegung des Fortschritts anwachsen, die gegen 1830 in manchen Staaten auch Mehrheiten bilden konnte, ohne jedoch eine entscheidende innere Kräfteverschiebung zu erwirken. Erst die Ereignisse im Kanton Tessin, der sich sogleich eine der ersten freiheitlichen Verfassungen der europäischen Gemeinschaft gab, die Erhebung der Pariser Bevölkerung (Julirevolution von 1830), welche die konservative ‚Wiener Ordnung‘ ins Schwanken brachte, und die daran anschließend in allen schweizerischen Mitgliedstaaten durchgeführten Volkstage oder -märsche Richtung Hauptstädte lieferten die Voraussetzungen dafür, dass die kantonalen konservativen Regierungen widerstrebend auf die gemäßigten freiheitlichen Begehren nach Revision der Staatsverfassungen eingingen, außer in drei Staaten, darunter Basel, der darob in zwei Teile zerbrach.

Sogleich wurde von den schweizerischen Patrioten, denen ein weit engerer politischer Zusammenschluss zur schweizerischen Gemeinschaft am Herzen lag, der Versuch unternommen, auf der Ebene des Bundes Reformen zu erwirken, im Sinne einer Revision des völkerrechtlichen Vertrages von 1815. Neben der Forderung nach politischer Eigenständigkeit gegenüber dem Ausland und einer gemeinsamen, starken und vor allem zeitgemäßen Armee, welche die Sicherheit und die Stellung aller Mitgliedstaaten gegenüber dem europäischen Ausland sichern würde, traten sie für eine Außenpolitik ein, die ausschließlich die Interessen der werdenden politischen Schweiz zu berücksichtigen hätte. Außerdem forderten sie eine völlig andere, dem Charakter des Landes entsprechende Bundesgewalt, die in den oben genannten erstrangigen Bereichen zum Besten der Gemeinschaft und ihrer Völker selbstständig, d. h. unabhängig von den 22 mitgliedstaatlichen Gewalten agieren könnte. Um gegen die immer stärker werdende ausländische Konkurrenz zu bestehen, hatte auch die noch junge Industrie, deren Arbeiter sich nach einem sicheren Arbeitsplatz sehnten, seit einiger Zeit berechtigte Forderungen angemeldet: die Einführung der Handels- und Gewerbefreiheit, eine einheitliche Zollpolitik gegenüber der ausländischen Konkurrenz, einige unerlässliche Vereinheitlichungen (so herrschte z. B. beim Münzwesen ein heilloses Durcheinander), die Beseitigung der zahlreichen den Handel hemmenden Binnenzölle und die Gewährung der Freizügigkeit auf dem ganzen Bundesgebiet. Die Bemühungen um Reformen auf der Ebene des Bundes, d. h. um die Überwindung des nationalen Provinzialismus und Sondergeistes, die in jedem Mitgliedstaat ihre Orgien feierten, erfüllten die anfänglichen dreißiger Jahre – und sollten mit einem Misserfolg enden.

Die konservativen Regierungen, deren schädlicher Eigensinn ausgeprägt war, verharrten von vornherein in starrer Ablehnung gegen jede Weiterentwicklung des

Staatenbundes und billigten keine Einschränkungen
ihrer Souveränitätsrechte, die über das wenige hinaus-
gingen, was der geltende Bundesvertrag vorschrieb;
dazu waren sie durchaus im Recht, weil der Bundesvertrag keine Revisionsmöglichkeit vorsah. Aber auch
die andere, fortschrittliche Seite trug nichts dazu bei,
die fortschrittsfeindliche Haltung der konservativen
Regierungen aufzuweichen. Im Gegenteil: Anstatt von
der Wirklichkeit auszugehen, wie sie nun einmal war,
nämlich von 22 verschiedenartigen Völkern (freilich
schweizerischen und damit europäischen), Bernern,
Genfern, Zürchern, Tessinern, Luzernern, Baslern usw.,
ging sie von der Fiktion aus, es gebe ein Schweizervolk, und präsentierte Bundesprojekte, die aus der
Gesamtheit der 22 Mitgliedstaaten ein sehr zentra-
listisches Gebilde, sozusagen einen Zentralstaat gemacht hätten. Ja, sogar die Verfassungen der Mitgliedstaaten hätten bestimmt kaum überlebt. Dies weckte bei
der konservativen Seite verständlicherweise sofort
vehementen Widerstand und ließ sie die föderalistische
Position, als die andere extreme Lösung, einnehmen.
Starker föderalistischer Widerstand resultierte aber
auch aus der begründeten Angst der vielen kleinen
Mitgliedstaaten, künftig von der kleinen Zahl der
großen Mitgliedstaaten beherrscht zu werden. Die
Vergangenheit hatte denn auch hinreichend gezeigt,
dass in Friedenszeiten die großen Mitgliedstaaten zwar
ständig ihren politischen Anspruch auf die schweizerische Führungsrolle, darin eingeschlossen Alleingänge

und Sondertouren, bekräftigt hatten, bei Gefahr für die Kleinen aber nichts für diese getan und sie jeweils ihrem Schicksal überlassen hatten. Man war sich deshalb darin einig, dass kein Staat, keine Staatengruppe und schon gar nicht die großen Staaten das Recht oder den Anspruch darauf hatten, irgendeine politische Führungsrolle im Bund einzunehmen. Angesichts der zahlreichen tiefen Gegensätzlichkeiten mussten so die Reformbemühungen auf der Ebene des Bundes zwangsläufig scheitern.

Nichtsdestotrotz dazu entschlossen, die Verwirklichung ihrer Projekte im Interesse einer starken Schweiz und zum Wohle ihrer Bürger voranzutreiben und dem ständigen Druck zur Anpassung an die Realität der ausländischen politischen Kräfteverhältnisse zu entgehen, bildeten daraufhin sieben Staaten, der ‚harte Kern', die ‚Avantgarde' oder die ‚Pioniere', wie man heute sagen würde, das Siebner Konkordat, einen Vertrag im Vertrag. Kurz danach entstand als Reaktion darauf eine Gegengruppe mit etwa gleich vielen Staaten, die ihre Interessen in der Bewahrung des damaligen Zustandes am besten gewahrt sahen. Nach der Spaltung auf der Ebene der Mitgliedstaaten, welche für die konservativen ausländischen Regierungen eine wahrlich wünschenswerte Situation schuf, spaltete sich auf der Ebene des Bundes auch die Tagsatzung in eine freiheitlich-fortschrittliche und eine konservative Gruppe. Zwar versuchten die beiden Seiten, sich in einer Politik der kleinen Schritte wieder näher zu kommen; je kleiner die einzelnen Schritte aber waren, desto genauer hätten die Beteiligten wissen müssen, wohin genau der Weg führen sollte. Aus Mangel an einer realistischen, für beide Lager annehmbaren Zielvorstellung (Vision) gerieten die Mitgliedstaaten dann auch in einen allgemeinen Zustand des Stillstandes, so dass sie, anstatt zu agieren, weiterhin auf eingetretene Ereignisse reagieren mussten.

Unter radikalem Einfluss verhärteten sich darum im Verlauf der folgenden zwölf Jahre auf mitgliedstaatlicher Ebene zunehmend die politischen Fronten zwischen der Gruppe, die vorankommen wollte, und den konservativen Regierungen, die sich für den Status quo einsetzten und kein Stück von der Souveränität ihres Staates aufgeben wollten; unter Verletzung des Prinzips der Gleichberechtigung richtete sich allmählich ein Staatenbund der zwei Geschwindigkeiten ein. Dazu kam noch ein weiteres Moment, das emotional die Gemüter auflud: das konfessionelle Moment, die Frage, ob die als konservativ geltende Kirche der jeweiligen staatlichen Autorität zu unterwerfen sei. In diesem Kontext beging ein reformfreudiger Mitgliedstaat eine Verletzung des Bundesvertrages von 1815 (Aufhebung aller Klöster auf seinem Staatsgebiet, die indessen nach Intervention der Tagsatzung sofort wieder zugelassen wurden). Als Antwort darauf beschloss ein in Erbitterung erstarrter konservativer Staat eine politische Aktion (die Berufung des Jesuitenordens) mit der Absicht, seine Gegner zu ärgern und durch die erhofften Folgen seiner Aktion die Truppen der ausländischen konservativen Staaten zum Einmarsch auf Bundesgebiet zu bewegen. Wie vorauszusehen war, verfehlte diese Aktion ihre Wirkung nicht und führte zu einer Verschärfung der bereits emotionsgeladenen Lage. Angesichts einer irrationalen Angst der fortschrittlichen Staaten vor diesem Mönchsorden – er galt als fortschrittsfeindlich, als päpstliche Geheimwaffe mit mächtigen ausländischen Verbindungen – musste diese Einladung in ihren Augen eine ernsthafte, ja gar eine tödliche Bedrohung des schweizerischen Aufbauwerkes darstellen.

Mit zwei militärischen Zügen aus Freiwilligen, die den (erfolglosen) Versuch unternahmen, diese konservative Regierung zu stürzen, traten die Staaten faktisch in die Phase der bewaffneten Austragung der Spannungen. Um sich vor weiteren solchen bedrohlichen Zügen zu schützen, ging der angegriffene Staat mit sechs anderen Mitgliedstaaten Ende 1845 einen Sonderbund ein. Die Tagsatzung war handlungsunfähig, weil keines der beiden Lager die erforderlichen zwölf Stimmen auf sich vereinigen konnte, obgleich es mit Blick auf den allgemeinen Zustand im Bund höchste Zeit war, dass sich etwas Tiefgreifendes tat. Seit Anfang der dreißiger Jahre standen die Bemühungen um gründliche Reformen auf Bundesebene still.

Diese waren umso unentbehrlicher, als der Bundesvertrag von 1815 mit den Anforderungen und dem Fortschritt seiner Zeit längst nicht mehr in Einklang stand. Die Zeit drängte auf eine Entscheidung.

Trotz der misslichen Lage der öffentlichen Verhältnisse in mehreren Mitgliedstaaten, die wenig Aussicht auf ein günstiges Resultat einer Bundesrevision erwarten ließen, wurden auch im Jahr 1846 in der Tagsatzung Abstimmungen darüber vorgenommen, ob man zu einer Revision des bestehenden Bundesvertrages schreiten solle. Diese Umfrage bei den Delegierten ergab allerdings dieselben Ergebnisse wie in früheren Jahren. Die Delegierten der konservativen Regierungen nahmen zum wiederholten Mal den Standpunkt ein, man solle die Revisionsfrage ganz von der Tagesordnung nehmen. Für die Vertreter der fortschrittlichen Seite hingegen kam dies nicht in Frage. Sie waren sich darin einig, dass Verbesserungen des Bundesvertrages dringlich seien, jedoch waren sie wie in früheren Jahren über die Frage geteilt, in welchem Zeitpunkt, ob gerade im gegenwärtigen oder erst später, unter günstigeren Umständen, solche Verbesserungen anzustreben wären und worauf sich diese zu erstrecken hätten, auf alle Bestimmungen oder nur auf einzelne. Auch herrschten wiederum verschiedene Ansichten darüber, welchen Beschränkungen die Souveränität der Mitgliedstaaten zu unterwerfen sei, wenn der Schwerpunkt in einem Gleichgewicht zwischen Bundesgewalt

36

und staatlicher Gewalt zu liegen kommen sollte. Bei den Abstimmungen, die ähnlich negativ ausfielen wie in früheren Jahren, stimmten 1. für die Entfernung der Revisionsfrage von der Tagesordnung zehn Vertreter (neun Stimmen); 2. gegen die Entfernung zwölf Vertreter (elf Stimmen); ein Kanton stimmte gegen jede einlässliche Behandlung (eine Stimme), ein anderer Vertreter wollte die Revision im Allgemeinen aufgeben (eine halbe Stimme) und ein Vertreter nahm an der Abstimmung nicht teil (eine halbe Stimme). Von den zwölf Vertretern (elf Stimmen), welche die Bundesrevision befürworteten, stimmten 3. zwei dafür, es solle vor einer Entscheidung über eine totale oder eine partielle Revision das Verfahren festgelegt werden, nach welchem eine Revision vorzunehmen sei; 4. für die Vornahme einer allgemeinen Revision erklärten sich zehn Delegierte bereit; 5. für die Vornahme einer teilweisen zehn Delegierte; 6. für eine Revision bestimmter Artikel sprachen sich zehn Staaten aus; 7. für die Einsetzung eines eidgenössischen Verfassungsrates drei Vertreter; 8. für die Vornahme der Revision durch die Tagsatzung sechs Delegierte; 9. für die Revision durch eine Konferenz von bevollmächtigten Abgeordneten der in der Tagsatzung versammelten Delegierten, unter Vorbehalt der Genehmigung der Staaten, fünf Vertreter.

Dann, im Mai 1847, erfolgte auf mitgliedstaatlicher Ebene die entscheidende politische Kräfteverschiebung zugunsten der fortschrittlichen Staaten. Sogleich beschloss die Tagsatzung mit den erforderlichen zwölf Stimmen, der Sonderbund sei sofort aufzulösen, was sich die Staaten des Sonderbundes aber zu tun weigerten. In der irrigen Annahme, die eher zentralistisch ausgerichtete Mehrheit würde sie anlässlich einer Bundesreform jeder staatlichen Eigenständigkeit berauben, waren die eher föderalistisch ausgerichteten konservativen Regierungen nicht bereit, den Beschluss der Tagsatzung anzunehmen und verließen das Bundesorgan Ende Oktober. Obwohl die Tagsatzung damit rechnen musste, dass die ausländischen konservativen Regierungen militärisch intervenieren würden (die ‚Wiener Ordnung' stürzte erst im März 1848 in sich zusammen), fasste sie bereits Anfang November den Beschluss, unverzüglich gegen die widerspenstigen konservativen Regierungen vorzugehen. In der Erklärung vom 4. November 1847, direkt an die schweizerischen Völker gerichtet, rechtfertigte die Tagsatzung ihren Beschluss, durch militärische Gewalt den bewaffneten Widerstand widerspenstiger Mitglieder zu brechen. Daraus ein Ausschnitt:

> „Der Kampf, welchen die Eidgenossenschaft gegen aufrührerische Bundesglieder zu führen hat, ist kein Kampf von zwölf gegen sieben Kantone, keine Unterdrückung der Minderheit durch die Mehrheit, kein Krieg gegen harmlose Bundesbrüder. Nein, es ist ein Kampf der Eidgenossenschaft und der recht-

mäßigen Gewalten derselben gegen die Partei, welche den Sonderbund gestiftet, großgezogen und wie eine Natter an das Herz der Eidgenossenschaft gelegt hat, auf dass sie dasselbe vergifte. Nicht harmlose Völker haben dieses getan; es ist dieselbe Partei, welche deren Unwissenheit unter demokratischen Formen pflegt und unter dem Aushängeschild der Religion zu selbstsüchtigen Zwecken ausbeutet, dieselbe Partei, welche schon im Jahre 1813 fremden Armeen die Pforte öffnete, welche den freisinnigen und in keiner Weise bundeswidrigen Verfassungen vom Jahre 1831 die Garantie verweigerte, welche mit unermüdlichen Umtrieben an der Reaktion arbeitet, welche den Jura und andere Teile der Schweiz agitierte, im Aargau eine ultramontane Empörung erzeugte und nach Wallis, Freiburg, Schwyz und Luzern die Jesuiten berief, deren Bundesgenosse und Werkzeug sie ist. Darin, Eidgenossen, besteht das Wesen des Sonderbundes; lasst ihn gewähren oder obsiegen, und das trauernde Vaterland wird nach und nach alle Institutionen verlieren, welche seine wahre Freiheit, seinen geistigen Aufschwung, seine Kraft und Ehre bedingen."[1]

Dieser auf schweizerischem Boden ausgetragene Konflikt (Sonderbundskrieg), bei dem auf beiden Seiten

---

[1] Zitiert nach Bonjour (Gründung) S. 277.

mehrere Dutzende Eidgenossen ihr Leben verloren, dauerte dank ausgesprochen kluger politischer und militärischer Führung bloß bis zum 29. November 1847 und musste mit dem Triumph der fortschrittlichen Mehrheit über die konservativen Regierungen enden, welche die Fortentwicklung der schweizerischen Völker und Nationen zu lange aufgehalten hatten. „Die Ohnmacht der Schweiz dem Ausland gegenüber, die Unfähigkeit, das wirtschaftliche und soziale Leben den Bedürfnissen des Volkes und den Wünschen der einsichtigsten Männer entsprechend zu organisieren, die immer bitterer werdenden Streitigkeiten zwischen den Kantonen, von denen einige sich nicht einmal mehr scheuten, die Hilfe des Auslandes anzurufen, (...) konnte nur als Anzeichen einer Zeitwende und Untergang eines Regimes gedeutet werden."[1] Für die 22

---

[1] Rappard (Bundesverfassung) S. 429f., derselbe (Constitution) S. 386.
Zum an den österreichischen Kaiser adressierten Antwortschreiben vom 15. November 1847 des Kriegsrates des Sonderbundes, der im Namen der sieben Mitgliedstaaten ausländische Intervention in die Schweiz begehrte, vgl. Oechsli (Quellenbuch/1886) S. 508f. Zum Gesuch um bewaffnete Intervention an Metternich, geschrieben in Domodossola (Italien) am 2. Dezember 1847 von einem auf der Flucht befindlichen Regierungschef, vgl. Bonjour (Gründung) S. 291ff. Zum Schreiben des Präsidenten des sonderbündischen Kriegsrates an Fürst Metternich vom 24. Juli 1847, in dem für die innere

souveränen Nationalstaaten und ihre Völker, die am Scheideweg standen, galt es nun zu wählen zwischen engerem Zusammenschluss zur Gemeinschaft mit gemeinsamer Zukunft und einer Auflösung des Verbandes – mit dem Untergang aller. Von dieser Überzeugung waren alle Bürger durchdrungen.

Umgestaltung der Schweiz die Hilfe Österreichs angerufen wird, vgl. Oechsli (Quellenbuch/1910) S. 509ff.
Die flüchtigen Staats- oder Regierungschefs, die im Kriegsrat des Sonderbundes versammelt gewesen waren und sich dafür eingesetzt hatten, den rein schweizerischen Konflikt durch Truppen ausländischer Staaten zu lösen, und so dazu beigetragen hatten, die Widerstandskraft des Bundes und seiner Völker zu schwächen, wurden wegen Hochverrats angeklagt. Dasselbe Los erfuhren andere führende Politiker, die zum Nutzen der Interessen des Auslandes den gleichen schädlichen und unterwürfigen Geist verbreitet hatten. Gegen sie alle, die geglaubt hatten, die staatlichen Souveränitäten missbrauchen zu dürfen, wurde in ihrer Abwesenheit ein politischer Prozess wegen Hochverrats eingeleitet. In der Tat, durch das Ausland die Heimat beherrschen, durch das Ausland eine heimatliche Frage lösen wollen, kann nur ein schlechter Bürger!

Der politische Weg

Bereits am 16. August 1847 hatte die Tagsatzung, nachdem sie die Auflösung des Sonderbundes beschlossen, aber noch nicht erzwungen hatte, aus ihrer Mitte eine besondere Revisionskommission eingesetzt und ihr die Aufgabe anvertraut, den Vertrag von 1815 einer allgemeinen Revision zu unterziehen und Gutachten und Anträge auszuarbeiten. Die Revisionskommission umfasste vierzehn Mitglieder aus den dreizehn Mitgliedstaaten, welche die Revision befürworteten. Die Feindseligkeiten zwischen den Kantonen, die im Sonderbundskrieg ihren Höhepunkt erreichten, wie auch die Befürchtung, das konservative Ausland, das jeder echten politischen Emanzipation der Schweiz und jeder gemeinschaftlichen zivilisatorischen Fortentwicklung der schweizerischen Völker feindlich gesinnt war, würde intervenieren, veranlassten die Kommission, mit der Aufnahme ihre Arbeit klugerweise zuzuwarten, bis sich die Lage beruhigt hatte. Am 10. Januar 1848 reichte die Republik Genf der Tagsatzung einen Antrag ein, wonach sie sich für einen schweizerischen Verfassungsrat ausgesprochen habe und dass deshalb die 14-köpfige Revisionskommission durch ein größeres Gremium zu ersetzen sei, das öffentlich zu tagen habe und dem nicht nur Regierungsvertreter, sondern auch gewählte Mitglieder angehören sollten.

Die Tagsatzung trat zwar auf diesen Vorschlag ein, er
wurde aber mit den Argumenten verworfen, die Revisionskommission würde dadurch ihren Charakter
verändern, und was die Öffentlichkeit der Beratungen
angehe, hätten die Bürger noch genug Gelegenheit, sich
über die Ergebnisse selbst auszusprechen, da diese den
Staaten und den Bürgern zur Erörterung unterbreitet
werden müssten. Hingegen wurde der Antrag der Republik St. Gallen angenommen, wonach ein Vertreter
eines Mitgliedstaates, der sich im Nachhinein zur
Mitarbeit in der Revisionskommission bereit erklärt
hatte, beigezogen werden solle; daraufhin berief die
Tagsatzung sogleich drei weitere Vertreter in die Revisionskommission. Vor ihrer Vertagung am 16. Februar 1848 konnte die Tagsatzung die Kommission noch
durch vier weitere Nominationen aus kooperationswilligen konservativen Mitgliedstaaten ergänzen.

> *„Die Europäische Union ist ein bisher*
> *einmaliges Unternehmen, für das es*
> *kein historisches Vorbild gibt. "*
>
> *Staats- und Regierungschefs,*
> *Europäischer Rat, Helsinki,10./11.*
> *Dezember 1999[1]*

---

[1] Staats- und Regierungschefs, Europäischer Rat, Helsinki,
    10./11. Dezember 1999, Schlussfolgerungen des Vorsitzes, Anlage I ‚Erklärung zur Jahrtausendwende', S. 1.

Am 17. Februar 1848, ein halbes Jahr nach ihrer Konstituierung am 16. August 1847, trat die Revisionskommission in Bern, der Hauptstadt der gleichnamigen Republik, zur ersten Sitzung zusammen. Die Kommission zählte 21 Mitglieder (18 Kantone und 3 Halbkantone); diese Zahl erhöhte sich in der Folge auf 23, indem der Kommissionspräsident zwei weitere Mitglieder bezeichnete, so dass außer zwei Mitgliedstaaten (ein Kanton und ein Halbkanton), die allen Sitzungen fernbleiben sollten, offiziell alle vertreten waren. Ungeachtet der Warnungen und Drohungen des Auslandes, das auf die Vorteile einer in 22 Nationalstaaten zersplitterten Gemeinschaft nicht verzichten und sie weiterhin unter ihrer Bevormundung halten wollte, versammelten sich in Bern in den folgenden Wochen die Vertreter der schweizerischen Zukunft; und weil sie ein Grundgesetz für die Schweizerische Eidgenossenschaft schufen, das einzig die Interessen des Bundes, seiner Staaten und Bürger berücksichtigte und deshalb in seinen wesentlichen Bestandteilen noch heute gilt, werden sie auch als die Väter der heutigen Schweiz bezeichnet. Das Wahlverfahren, das durch die Tagsatzung angewandt wurde, um die Kommissionsmitglieder auszulesen (Machtfrage!), konnte nur dazu führen, dass die Kommission aus lauter Politikern bestand. Da die Mitglieder ja der Tagsatzung entnommen waren, in der fast nur die Staats- und Regierungschefs saßen, nahmen dementsprechend ausschließlich verantwortungsbewusste, weitsichtige Staatsmänner Einsitz in der Revisionskommission. Vor diesem Hintergrund überraschen zwei Dinge: Zum einen waren fast alle Mitglieder einfacher, bürgerlicher Herkunft. Zum anderen erstaunt ihre relative Jugendlichkeit, wenn man weiß, dass die damalige Lebenserwartung praktisch der heutigen entsprach. Nur fünf Mitglieder hatten das fünfzigste Altersjahr bereits überschritten und selbst das älteste war nur 58 Jahre alt. Die große Mehrheit setzte sich aus Männern in den Vierzigern zusammen. Vier Mitglieder, darunter der Kommissionspräsident (verstorben 1890), zählten sogar weniger als vierzig Jahre. Versammelt war wahrlich jene junge, dynamische und aufgeweckte Politikergeneration, die einen schweizerischen Patriotismus vertrat, der sie begeisterte und vorwärtstrieb. Sie hatten in ihren Staaten die älteren Politikergenerationen verdrängt, deren ausschließlich auf den Nationalstaat gerichtetes und begrenztes Fühlen, Denken und Handeln mit den Anforderungen der damaligen Epoche nicht mehr übereinstimmten. Es ist deshalb auch nicht verwunderlich, dass ihr damaliges Werk, das erste schweizerische Grundgesetz, durch einen Bruch mit der näheren, unwürdigen Vergangenheit, d. h. mit dem Zeitalter der Restauration (1815–1848), gekennzeichnet war.

Im Willen, innert kürzester Zeit zu einem Entwurfstext zu gelangen, der sowohl für die Staaten als auch für die Bürger annehmbar war, war die Revisionskommission nicht als politisches Organ organisiert worden, sondern nur als eine Zusammenkunft von Fachleuten, die den Entwurf eines neuen Bundesvertrages auszuarbeiten und ihn der Vorberatung zu unterziehen hatten.[1] In diesem Sinne sind auch die in ihrer ersten Sitzung gefällten Beschlüsse zu sehen, weder öffentlich zu beraten noch die Namen der Redner im offiziellen Protokoll bekannt zu geben, noch Communiqués über ihre Arbeiten zu veröffentlichen.[2]

---

[1] Aus dem offiziellen Verhandlungsprotokoll, das der Kommissionssekretär führte, sind im folgenden die ersten Worte wiedergegeben, die der Präsident an die Kommission richtete: ‚Es sei der versammelten Kommission der Auftrag geworden, das Projekt eines neuen Bundesvertrages zu entwerfen und vorzuberaten. Dieser Auftrag müsse bei den schwierigen und oftmals sich diametral entgegenstehenden Interessen, Wünschen und Bestrebungen unter den Völkern der Eidgenossenschaft als ein schwieriger bezeichnet werden, dessen glückliche Lösung nur die Frucht allseitiger und gründlicher Erörterungen sein könne.' [Revisionskommission (Protokoll) S. 2.]

[2] Nachdem über die wichtige Frage, ob die Beratungen öffentlich sein sollten, eine lange, vielseitige Diskussion geführt worden war, votierten in der Abstimmung abgesehen von einigen Ratsmitgliedern, darunter der Vertreter Genfs, der sich für einen Verfassungsrat aussprach, die Ratsmitglieder in ihrer Mehrheit dafür, nicht öffentlich zu beraten: ‚Es sei dem Charakter einer Kommission angemessener, wenn die Öffentlichkeit für einmal ausgeschlossen werde, indem die Fragen selbst, nachdem sie einmal als die fertige Arbeit der Kommission hervorgegangen, ohnedies in den Großen Räten, in der Tagsatzung, in der Presse vollkommen genügend zur

Es waren insofern weise Beschlüsse, als sie die Mitglieder gleichzeitig gegen offenen Druck von außen und vor der eigenen Eitelkeit schützten und freie Meinungsäußerung und verhältnismäßige Knappheit der Beratungen sicherten. Unter solchen Umständen und weil die Kommission bereits bestehende Revisionsprojekte zu Rate ziehen konnte, mussten nur wenig mehr als zwei Dutzend Sitzungen stattfinden. Am 8. April 1848 versammelte sich die Revisionskommission zu ihrer Schlusssitzung. Als Ergebnis ihrer Arbeiten präsentierte sie allerdings weder einen neuen Bundesvertrag, wie es ursprünglich dem Auftrag der Tagsatzung gemäß vorgesehen war, noch etwas völkerrechtlich Ähnliches, etwa einen Verfassungsvertrag (Kompromiss)[1], eine Vertragsverfassung[2] oder einen Vertrag über eine Verfassung[3]. Die Revisionskommission legte vielmehr den Text des Entwurfs einer Bundesverfassung der Schweizerischen Eidgenossenschaft vor, den Entwurf einer Bundesverfassung, die alle Merkmale aufwies, die jeder echten Verfassung eigen sind. Der Verfassungsentwurf war derart gestaltet, dass er einen vernünftigen und ausgewogenen

---

öffentlichen Debatte gelangen werden.' [Revisionskommission (Protokoll) S. 2.]

[1] Vgl. hierzu z. B. Schmitt (Hüter) S. 60ff.
[2] Vgl. Oppermann (Nizza-Vertrag) S. 4.
[3] Vgl. z. B. Europäischer Konvent (Entwurf eines Vertrags über eine Verfassung für Europa).

Ausgleich zwischen den sich widersprechenden Ansprüchen und Wünschen der fortschrittlichen und der konservativen Gruppe wie auch zwischen denjenigen der kleinen und der großen Mitgliedstaaten darstellte, womit mit großer Wahrscheinlichkeit mit der Annahme des Entwurfs durch die Bürger, die Politik und die Presse gerechnet werden konnte. Ausgehend von einer Schweiz der souveränen, historisch gewachsenen Mitgliedstaaten und ihrer kulturellen Vielfalt und Mehrsprachigkeit, die konstituierend zum Wesen der Schweizerischen Eidgenossenschaft gehörten – und immer noch gehören –, sah der Verfassungstext im Wesentlichen Folgendes vor: Fortbestand der Nationalstaaten und ihrer bis dahin gespielten großen Rolle; Fortbestand ihrer Verfassungen; Fortbestand der Völker, da Art. 1 von Völkern sprach, nicht von Volk (deutsch: die Völkerschaften; französisch: les peuples; italienisch: le popolazioni)[1]; Einführung eines echten Zweikammersystems auf Bundesebene (Völker- und Staatenkammer), in dem die Völker wie die Natio-

---

[1] Erst die Verfassung der Schweizerischen Eidgenossenschaft vom 18. April 1999, in Kraft seit dem 1. Januar 2000, spricht von Schweizervolk (deutsch: das Schweizervolk; französisch: le peuple suisse; italienisch: il Popolo svizzero). Anzufügen wäre hier vollständigkeitshalber, dass alle Verfassungen der Mitgliedstaaten der Europäischen Union den Begriff ‚Volk' erwähnen, mit einer Ausnahme: In der koordinierten Verfassung Belgiens erscheint das Wort Volk nirgends.

nalstaaten in der Weise vertreten waren, dass in der ersten Kammer die Völker der großen Mitgliedstaaten, in der zweiten die kleinen Mitgliedstaaten und ihre Völker größeres Gewicht hatten; Aufnahme von Grundrechten; Verbot von besonderen Bündnissen oder strategischen Partnerschaften politischen Inhaltes; Einschränkung der fast unbeschränkten staatlichen Souveränitäten in Form einer gemeinsamen Außen- und Verteidigungspolitik, indem beide Bereiche praktisch ganz in die Zuständigkeit des Bundes fielen.[1] (Der Beginn der Einführung direktdemokratischer Instrumente fiel in die zweite Hälfte des 19. Jahrhunderts.) Der Text des Entwurfs und der Bericht wurden wegen verschiedener Hindernisse nicht der Tagsatzung vorgelegt, sondern nach erfolgtem Druck sogleich den Staaten zugeleitet, damit ihre Delegierten, die Staats- und Regierungschefs, im Hinblick auf die anstehenden Verhandlungen in der Tagsatzung mit den erforderlichen Instruktionen ausgestattet wären. Diese Vorgehensweise veranlasste den Repräsentanten Genfs zur Bemerkung, man habe, zumal es sich um ein Bundes-

---

[1] Der Oberbefehl über die Streitkräfte ging auf die Bundesregierung über, während die verfassungsmäßige Einschränkung der außenpolitischen Handlungsfreiheit der Mitgliedstaaten dazu führte, dass es dem Ausland erschwert wurde, sich mit Hilfe von einzelnen Regierungen der Mitgliedstaaten oder von nationalen Parteien, so genannten Brückeningenieuren und -bauern, in die inneren Angelegenheiten der Schweiz einzumischen.

projekt handle, einen ungewöhnlichen Weg einge-schlagen, indem Entwurf und Bericht zuerst direkt an die Mitgliedstaaten anstatt an die Tagsatzung über-mittelt worden seien; zudem sei zu deren Prüfung ein zu kurzer Zeitraum festgesetzt worden.

Bereits am 16. Mai 1848 begann die unmittelbar vorher einberufene Tagsatzung, die fast dieselbe perso-nelle Zusammensetzung aufwies wie die aus ihr hervor-gegangene Revisionskommission, mit der Beratung des vorgelegten Entwurfs. Am folgenden Tag trat sie mit neunzehn Stimmen gegen diejenigen von zwei Mit-gliedstaaten, die sich für die Einsetzung eines ge-wählten Verfassungsrates aussprachen, auf den Ent-wurf ein. Begründet wurde das Eintreten damit, dass es im Interesse einer schnelleren Lösung der so wichtigen Frage liege, die Behandlung nicht länger aufzuschie-ben, sondern sie durch die Tagsatzung selbst vor-nehmen zu lassen. Die Tagsatzung unterzog in einigen Sitzungen den Entwurf in zwei Lesungen einer Text-bereinigung. Am 27. Juni 1848 kam es zur Schluss-abstimmung. In dieser wurde der endgültige Entwurf der Bundesverfassung der Schweizerischen Eidgenos-senschaft mehrheitlich gutgeheißen, nämlich durch die Abgeordneten von dreizehn Kantonen und einem Halb-kanton, jedoch unter dem Vorbehalt der ausdrücklichen Annahme durch die verfassungsmäßigen Organe in den Kantonen. Vier Vertreter bestanden darauf, den Ent-wurf zunächst ihren Regierungen vorzulegen, bevor sie

50

sich über die Annahme aussprächen; der Delegierte eines Staats enthielt sich der Stimme, und ein anderer meinte, er habe nicht für den Entwurf gestimmt; vier Abgeordnete verhielten sich offen ablehnend und stimmten dem Entwurf nicht zu, wobei sie sich allerdings verpflichteten, ihn ihren Bürgern zu unterbreiten. Mit dem Ersuchen an die 22 Mitgliedstaaten, sich vor dem 1. September 1848 über denselben auszusprechen, gingen die Staats- und Regierungschefs auseinander im Wissen um ihr mögliches politisches Schicksal, das sie aber zum Wohle ihrer Völker und für deren gemeinsame schweizerische Zukunft geradezu herausforderten (die Staats- und Regierungschef würden in ihrer Funktion auf Bundesebene aller Wahrscheinlichkeit nach nicht mehr in Erscheinung treten). Der von der Tagsatzung beschlossene Entwurf einer Bundesverfassung der Schweizerischen Eidgenossenschaft unterschied sich kaum von dem der Revisionskommission, was zeigt, was für eine hervorragende Arbeit letztere geleistet hatte. Der Verfassungsentwurf enthielt in seinen ‚Übergangsbestimmungen' sieben Artikel, wovon die ersten zwei folgendermaßen lauteten:

Art. 1 – Über die Annahme gegenwärtiger Bundesverfassung haben sich die Kantone auf die durch die Kantonalverfassungen vorgeschriebene, oder – wo die Verfassung hierüber keine Bestimmung enthält – auf die durch die oberste Behörde des betreffenden Kantons festzusetzende Weise auszusprechen.

Art. 2 – Die Ergebnisse der Abstimmung sind dem Vororte zu Handen der Tagsatzung mitzuteilen, welche entscheidet, ob die neue Bundesverfassung angenommen sei.

Als erster Kanton führte am 5. August 1848 die kleine Republik Genf die Volksabstimmung durch, in der die Bürger ihren freien Willen wuchtig zugunsten der Annahme der Bundesverfassung ausdrückten.

Als sich am 4. September 1848 die Staats- und Regierungschefs als Delegierte ihrer Mitgliedstaaten zu ihrer vielleicht letzten Sitzung auf Bundesebene zusammenfanden, waren erwartungsgemäß noch nicht alle Abstimmungsresultate aus den Mitgliedstaaten eingetroffen. Sie fanden im Tagsatzungsbericht aber die Angaben vor, wonach bis zur damaligen Stunde mit Gewissheit die Mehrheit den Entwurf der Bundesverfassung angenommen hatte (diese Mehrheit bestand aus vierzehn Mitgliedstaaten, d. h. dreizehn Völkern und einem Parlament, das sich das Recht angemaßt hatte, eine so wichtige Frage im Namen seines Volkes zu entscheiden). Die Völker von fünf Kantonen hatten sich bis zu diesem Zeitpunkt für die ausdrückliche Verwerfung des Verfassungsentwurfs ausgesprochen; davon hatte ein Kanton eine begründete Ablehnung beschlossen, welche die stets wiederkehrende These der konservativen Regierungen enthielt, die wie folgt lautete:

„In Erwägung, dass seit den ältesten Zeiten der schweizerischen Staatsverbände dieselben bis auf die heutige Stunde auf die Grundlage des freien Vertrages zwischen souveränen Kantonen mit gleichen Repräsentationsrechten gegründet worden und dass nach der Natur des freien Vertrages, ein solcher nur insofern bindend sei, als ihm freiwillig beigetreten wird, sowie, dass ein solcher auch nur mit freier Zustimmung aller Kontrahenten rechtlich abgeändert werden könne; (...) – beschließt (die Versammlung der stimmberechtigten Kantonsbürger) hiermit: beim 1815er Bund zu verbleiben und die revidierte Bundesverfassung, wie sie von der Tagsatzung vom 15. Mai bis 27. Juni 1848 hervorgegangen ist, zu verwerfen."[1]

---

[1] Zitiert nach Rappard (Bundesverfassung) S. 139f., derselbe (Constitution) S. 123.
Dieser irrtümlichen Auffassung, d. h. dem völkerrechtlichen Grundsatz, wonach der Bundesvertrag von 1815 als völkerrechtlicher Vertrag ohne Revisionsklausel und als Produkt des übereinstimmenden Willens aller Regierungen der schweizerischen Mitgliedstaaten nur durch einen einstimmigen Beschluss aller Kontrahenten abgeändert werden dürfe, waren auch die konservativen ausländischen Regierungen erlegen – bis ihnen im März 1848 die Luft ausging. Vordergründig als Garanten der

Durfte angesichts dieses klaren, von der Mehrheit getragenen Abstimmungsergebnisses der Staatenvertrag von 1815, der nur *auf den Willen der Regierungen* zurückging, als aufgehoben und das erste schweizerische Grundgesetz, das *dem Willen der Bürger* entsprang, als angenommen erklärt und in Kraft gesetzt werden (Art. 2 der ‚Übergangsbestimmungen')? Die Antwort darauf entsprach den wohlbekannten Positionen der Delegierten und war uneinheitlich. An der Spitze der Gegner jener Auffassung, dass Einstimmigkeit notwendig sei, war der Mitgliedstaat mit der größten Bevölkerung (Bern), der sich für das einfache Volksmehr aussprach. Die Mehrheit der anderen Staaten verlangte das zweifache Mehr der Staaten und der stimmberechtigten Staatsbürger. Einige forderten sogar ein qualifiziertes Mehr. Um diese wichtige Streitfrage zu entscheiden, beschloss deshalb die Tagsatzung am 5. September mit der notwendigen Mehrheit, eine

---

schweizerischen Neutralität, in Wirklichkeit aber aus Furcht um den Verlust ihrer Vorteile bei einer in 22 Nationalstaaten zersplitterten Gemeinschaft, hatten sie Mitte Januar, um ihrem gemeinsamen Standpunkt Nachdruck zu verleihen, sogar eine diplomatische Note an die Tagsatzung gerichtet. Diese nahm, gestärkt durch ihren Sieg im Kampf gegen den politischen Konservatismus in der Gemeinschaft, eine würdige und unnachgiebige Haltung ein, indem sie kundtat, sie würde sich jedem Versuche fremder Einmischung in die inneren Angelegenheiten der Schweiz zu widersetzen wissen.

wieder aus ihrer Mitte hervorgehende besondere Kommission einzusetzen, die den Auftrag bekam, einen Bericht über die Abstimmungsergebnisse zu verfassen, diese zu würdigen und schließlich einen Entwurf zu einem Dekret auszuarbeiten, in dem die Annahme der Verfassung erklärt würde.

Die Kommission, in der die Minderheit nicht vertreten war, weil sie ihr nicht zugestimmt hatte, nahm sofort ihre Arbeit auf. Nachdem sie sich zu den Abstimmungsresultaten der einzelnen Mitgliedstaaten geäußert hatte, nahm sie sich der Abstimmung in der Republik Tessin an, über die sie Folgendes zu berichten hatte:

„Mit der Abstimmung im Kanton Tessin hat es seine eigentümliche Bewandtnis. Schon der dortige Große Rat glaubte unstatthafter Weise annehmen zu dürfen, es könne die Genehmigung der neuen Bundesverfassung auch bedingt (votazione condizionata) ausgesprochen werden. Die Bedingung, welche der tessinische Große Rat an die Annahme knüpfte, ist nach Art. 24 der Bundesverfassung unzulässig, zumal der Bund das unbeschränkte Recht hat, an der Schweizergrenze die geeignet erachteten Zölle zu erheben. Den gleichen Fehler begingen die Abstimmungskreise, in welchen und insofern solche, die für Annahme der Bundesverfassung stimmten, daran entweder die vom Großen Rat gestellte, oder eine andere unstatthafte Bedingung knüpften. (...) Das Ergebnis von drei Kreisen stand bei der Abfassung gegenwärtigen Berichtes noch aus. Dieser Rückstand wird indessen (...) die Tagsatzung keineswegs abhalten, in die Angelegenheit einzutreten und sacherledigend zu verfügen."[1]

Dass die Kommission unter Heranziehung der verschiedenen Modalitäten, die laut Art. 1 der ‚Übergangsbestimmung' für die Abstimmung über das Grundgesetz galten, zu Recht feststellte, eine nur bedingte Annahme oder ein zeitlicher Rückstand in der Durchführung der Abstimmung sei keine Annahme, sondern der Verwerfung gleichzustellen, soll uns hier nicht weiter beschäftigen. Der obige Berichtsauszug der Kommission ist hingegen aus einem ganz anderen Grund äußerst aufschlussreich: Um die Unzulässigkeit der Bedingung, die der Große Rat des Tessins an die Annahme knüpfte, zu begründen, stützte sich die Kommission auf die Bundesverfassung, auf ihren Artikel 24 Abs. 2[2], obschon die Tagsatzung gestützt auf Art. 2 der ‚Übergangsbestimmung' ja noch nicht darüber entschieden hatte, ob die neue Bundesverfassung

---

[1] Zitiert nach Rappard (Bundesverfassung) S. 141f., derselbe (Constitution) S. 125.

[2] Art. 24 Abs. 2 Die Eidgenossenschaft hat das Recht, an der schweizerischen Grenze Eingangs-, Ausgangs- und Durchgangszölle zu erheben.

56

überhaupt angenommen war! Diese Vorgehensweise der Kommission zeigt zweierlei, nämlich dass sie einerseits in guter Kenntnis der Rechtslage die Willensentscheidungen der 22 Völker nur festzustellen hatte und dass andererseits die Bundesverfassung für sie eigentlich bereits galt. Im Schlussantrag, dem sie das gewünschte Dekret anfügte, beschränkte sich die Kommission auf die Bemerkung – ohne damit ausführlich auf die Streitfrage einzugehen, die ihr die Tagsatzung zur Beantwortung übertragen hatte –, die überwiegende Mehrheit der schweizerischen Bevölkerung und mehr als zwei Drittel der Kantone hätten sich für die Annahme der Bundesverfassung erklärt. Ein derartiges überraschendes Ergebnis nähme der Tagsatzung nun aber den materiellen Beschluss, den es zu fällen gäbe, geradezu vorweg.

Das Dekret, das vom 12. September 1848 datiert, beschloss die Tagsatzung mit einer Mehrheit von 18 Delegierten (17 Stimmen). Es lautete wie folgt:

„Die eidgenössische Tagsatzung (...); in Vollziehung des Art. 2 der erwähnten Übergangsbestimmungen, kraft welchen der Tagsatzung obliegt, nach Prüfung der Abstimmungsergebnisse zu entscheiden, ob die neue Bundesverfassung angenommen sei, oder nicht, –

beschließt:

Art. 1. – Die Bundesverfassung der Schweizerischen Eidgenossenschaft, wie solche aus den Beratungen der Tagsatzung vom 15. Mai bis und mit dem 27. Brachmonat 1848 hervorgegangen und nach Maßgabe des Art. 1 der ihr angehängten Übergangsbestimmungen in sämtlichen Kantonen der Abstimmung unterstellt worden ist – ist anmit feierlich angenommen und wird als Grundgesetz der Schweizerischen Eidgenossenschaft erklärt."[1]

Alle Mitgliedstaaten nahmen in den darauf folgenden Wochen in Anwendung der Bundesverfassung die Wahlen zur Bundesversammlung vor, die aus dem National- und dem Ständerat besteht. Während die Völker die Mitglieder des Nationalrates laut Bundesverfassung in direkter Wahl zu bestimmen hatten, entschied über die Wahl der Ständeräte das staatliche Recht (in verschiedenen Mitgliedstaaten wurden damals die Ständeräte durch das Parlament gewählt, seit langem besteht aber in allen Mitgliedstaaten auch hier Volkswahl). Mit 155 Kanonenschüssen, von denen 111 den Nationalräten und 44 den Ständeräten galten,

---

[1] Zitiert nach Fetscherin (Repertorium) Band II, S. 783.
Ein Faksimile der Bundesverfassung der Schweizerischen Eidgenossenschaft von 1848 in Deutsch, Französisch und Italienisch ist aufbewahrt in: Schweizerisches Bundesarchiv, K 7, Band II; die englische Übersetzung des Originals findet sich in E 22, Band 319.

wurden die Mitglieder der ersten Bundesversammlung begrüßt, als sie am 6. November 1848 zu ihren konstituierenden Sitzungen in Bern erschienen. Nach Prüfung der Wahlakten und der Erledigung anderer Formalitäten vereinigten sich die beiden Kammern am 16. November 1848 zur Bestellung der siebenköpfigen Bundesregierung. Aus den Regierungsmitgliedern wurde von den vereinten Räten sodann für die Dauer eines Jahres der Bundespräsident nominiert, der den Vorsitz in der Regierung führte.

Mit dem Grundgesetz der Schweizerischen Eidgenossenschaft legten die Schweizerinnen und Schweizer in freier Selbstbestimmung den Zweck, den Inhalt und die Form ihrer Gemeinschaft fest und verkündeten gleichzeitig den anderen Staaten der europäischen Gemeinschaft und der Welt ihre unauflösliche politische Einheit der Freiheit und Unabhängigkeit. Die Setzung des Grundgesetzes, das die politische Kleinstaaterei in der Schweiz überwand, war die erste gemeinsame, in jeder Hinsicht großartige politische Leistung, welche die schweizerischen Völker im Laufe ihrer gemeinsamen Geschichte erbracht haben. Höchste Anerkennung dafür gebührt zweifelsfrei vorerst der großen Mehrheit der schweizerischen Völker, die bereit war, die Konsequenzen aus den Erfahrungen ihrer Geschichte zu ziehen und sich mutig für die Annahme des schweizerischen Grundgesetzes auszusprechen. Das gemeinsame Erlebnis der Bedrohung, der politischen Ohnmacht, der Niederlage sowie der fremden Besetzung und Bevormundung hatte in breiten schweizerischen Kreisen die Sehnsucht nach Eigenständigkeit, Stärke und Würde erwachen lassen, die sichtlich nur durch einen engeren politischen Zusammenschluss zu erreichen waren. Sie hatten es satt, in einer Gemeinschaft zu leben, die in ihrer Zerrissenheit stets schwach, ohnmächtig und kraftlos in der Mitte der anderen Staaten erscheinen musste. Aber auch die Leistung der Minderheit darf nicht minder eingeschätzt werden, die zwar gegen die Bundesverfassung war und ihre überlieferte Staatsidee nicht aufgeben wollte und infolgedessen lieber beim Staatsvertrag verblieben wäre – mit den daraus erwachsenden Folgen für ihr Gemeinwesen! –, sich dann aber entsprechend dem demokratischen Prinzip dem Entscheid der schweizerischen Mehrheit unterordnete. Höchste Achtung ist endlich den jungen politischen Führungen der Mitgliedstaaten zu zollen. Nicht nur rüttelten sie den Großteil der schweizerischen Bevölkerung aus ihrer gefährlichen Lethargie auf; vor allem legten sie einen hervorragenden Verfassungstext vor. Die Lösungen, die sie darin präsentierten, ermöglichten es der Schweizerischen Eidgenossenschaft, die Verteidigung, die Außenpolitik, die Wirtschaft, die soziale Ordnung wirksam zu organisieren „und gleichzeitig unter den Bürgern aller untereinander so verschieden gearteten

Kantone das Gefühl wach zu halten, dass jeder weiter Herr im eigenen Hause sei".[1] Daneben war ihr Verhalten so, wie man es von Staatsmännern erwartet, eben staatsmännisch. Ausschließlich Staatsmänner sind in der Lage, die psychologisch äußerst heikle Situation zu bewältigen, der sie allenfalls gegenüberstehen können, nämlich ihrer eigenen Entmachtung zuzustimmen, sich praktisch selbst überflüssig zu machen. Bis heute haben es nur wenige geschafft, die hohe Klippe Parteimann – Staatsmann zu nehmen.[2] Dieses

---

[1] Rappard (Bundesverfassung) S. 431, derselbe (Constitution) S. 387.

Unter den europäischen Bürgerinnen und Bürgern ist das Gefühl, dass jeder Herr im eigenen Haus ist, schwer erschüttert worden, seit 14 im Europäischen Rat versammelte Staats- und Regierungschefs während fast eines Jahres in unzulässiger Weise in die Hoheit des Mitgliedstaates Österreich eingriffen. [Vgl. hierzu Hummer/Pelinka (Österreich unter ,EU-Quarantäne'), Winkler (Europa quo vadis – Die Anatomie eines europäischen Willküraktes).]

[2] In der französischen Tageszeitung ,Le Monde', 11./12. Juni 2000, S. 1, 11, stellte der ehemalige französische Außenminister Védrine seinem deutschen Amtskollegen Fischer, der sich für eine Föderation Europa ausgesprochen hatte, die Frage: „Welche Rolle würden die Staats- und Regierungschefs der Länder bewahren, die in diese Föderation eingetreten wären? Um hart zu sprechen, wie viel Zeit würden einem Präsidenten der Republik und einem Ministerpräsidenten in Frankreich dort drin noch verbleiben, einem Kanzler in Deutschland,

Wagnis gingen die jungen politischen Führungen zum Wohle ihrer Staaten und Bürger ein, sowie für eine starke Schweiz und die gemeinsame Zukunft von deren Bürgern. Alle gemeinsam hatten sie damals die alarmierenden Zeichen der Zeit erkannt. Vom Standpunkt der Gegenwart aus auf den damaligen allgemeinen Zustand der Schweiz und ihrer 22 Mitgliedstaaten zurückblickend, muss man sagen: es war allerdings auch Zeit, hohe Zeit:

> „Bisher fast uneingeschränkte kantonale Souveränitäten mussten deshalb weichen, falls Anpassung an die mächtig fortschreitende Epoche stattfinden sollte. Ob jene längst nötige Erneuerung tatsächlich eintrat, entschied gleichzeitig über des Landes künftige *Entwicklungsfähigkeit* – über sein weiteres Konkurrierenkönnen, ja über die *zivilisatorische* Ebenbürtigkeit dieses langsam, doch fühlbar hinter den Nachbarstaaten zurückbleibenden kleinen Volkes."[1]

Den Vergleich mit der immer mehr hinter den Großmächten zurückbleibenden, kraftlosen, ohnmächtigen,

---

einem Regierungschef in den anderen Ländern?" Die damalige junge schweizerische Politikergeneration hat ihm auf vorbildliche Weise die einzig passende Antwort darauf gegeben.

[1] Gagliardi (Geschichte) Band III, S. 1415.

ständig gedemütigten Europäischen Union und ihren kleinen und mittelgroßen Mitgliedstaaten anzustellen ist hier nicht der Ort, obschon ein solcher Vergleich sich geradezu aufdrängen würde.

Würdigung des politischen Weges

Statt dass wir die wesentlichen bis zum Erlass des ersten schweizerischen Grundgesetzes eingetretenen politischen ‚Fakta' (Jellinek) selber würdigen, soll dies einem Rechtsgelehrten überlassen werden, der das vor geraumer Zeit in trefflicher und vorzüglicher Weise getan hat:

„Die Tagsatzung, deren Kommission den Text der ersten Bundesverfassung von 1848 redigiert hatte, konnte sich nicht auf eine rechtlich geordnete Zuständigkeit zur Formulierung der Verfassung (...) berufen; der Bundesvertrag von 1815 normierte weder diese Kompetenz, noch konnte er sie überhaupt zum Gegenstand haben, da er ja ein vertragliches (völkerrechtliches) Verhältnis unter Staaten ordnete, nicht aber die Schaffung (eines Grundgesetzes) bezweckte. Somit war die Befugnis der Tagsatzung, den Text einer Bundesverfassung aufzustellen, keine rechtliche, sondern stützte sich auf das durch die politische Bedeutung der Tagsatzung begründete Bewusstsein der Kantone, dass die Tagsatzung das geeignete Organ – Verfassungsrat – zur Formulierung einer Bundesverfassung war. Sowenig wie sich die Tagsatzung auf eine im Bundesvertrag von 1815 normierte Kompetenz zur Formulierung des Textes der Verfassung (…) stützen konnte, sowenig konnte der Bundesvertrag auch die Kompetenz zum Erlass dieser Verfassung zum Gegenstand haben, weder die Kompetenz der Tagsatzung noch die einer anderen Instanz. Für den Erlass der Bundesverfassung von 1848 fehlte ein normativer Geltungsgrund, eine Zuständigkeitsnorm. Im Bundesvertrag von 1815 konnte er nicht enthalten sein und eine andere Normordnung, die die Zuständigkeit zur Bundesverfassungsgebung normiert hätte, ist nicht denkbar, da diese ja den Entscheid über die Bildung (der Schweizerischen Eidgenossenschaft) voraussetzte, den es erst zu fällen galt. Der Geltungsgrund der Bundesverfassung von 1848, der ursprünglichen Verfassung der Schweizerischen Eidgenossenschaft, konnte nicht Gegenstand einer Normordnung sein, ist nicht rechtlich erklärbar.

Der Geltungsgrund der Bundesverfassung von 1848 kann nur das rational – nicht normlogisch – zu begreifende Bewusstsein der einer zukünftigen (eidgenössischen) Ordnung unterworfenen Kantonsvölker über die Befugnis einer Instanz zum Erlass einer Bundesverfassung gewesen sein. Vom rational zu begreifenden, positivrechtlich nicht geordneten, ethisch-politisch einzusehenden Bewusstsein der normunterworfenen Kantonsvölker über die Befugnis zum Erlass einer Bundesverfassung war aber die Mehrheit der Kantone selbst getragen, nicht aber die Tagsatzung; die Tagsatzung war für die Bildung (des Willens über eine Verfassung) nicht repräsentatives Organ. Die Bildung des Willens der Kantone über eine Bundesverfassung war nicht etwa ihren Vertretern in der Tagsatzung delegiert, sondern den Kantonen als solchen vorbehalten auf dem Wege ihrer eigenen staatsrechtlich geordneten Willensbildung; denn Art. 1 der ‚Übergangsbestimmungen‘ des von der Tagsatzung mehrheitlich aufgestellten Bundesverfassungsentwurfes vom 27. Juni 1848 hält fest, dass sich die Kantone über die Annahme der gegenwärtigen Bundesverfassung in der durch die Kantonsverfassungen vorgeschriebenen oder durch die obersten Behörden der Kantone festzusetzenden Weise auszusprechen haben. Der Beschluss der Tagsatzung vom 27. Juni 1848 kann deshalb nicht der ‚schöpferische Beschluss‘ über die Annahme der Bundesverfassung (...) sein; am 27. Juni 1848 wurden die Beratungen der Tagsatzung über die Revision des Bundesvertrages von 1815 und die Textbereinigungen des Entwurfes der neuen Bundesurkunde abgeschlossen, nicht aber wurde die

Bundesverfassung erlassen. Auch Art. 2 der ‚Übergangsbestimmungen', nach welchen die Tagsatzung aufgrund der Ergebnisse in den Kantonen zu entscheiden hatte, ob die Bundesverfassung angenommen worden sei, enthält nicht die Befugnis der Tagsatzung zur selbstständigen Willensbildung über den Erlass der Bundesverfassung. Nach dieser Bestimmung hatte die Tagsatzung bloß die Willensentscheidungen der Kantone festzustellen, zu erwahren, was sie denn auch am 12. September 1848 getan hatte. In den Beratungen der Tagsatzung wurde allerdings eine Entscheidungsbefugnis über die Voraussetzungen zu einem Erwahrungsbeschluss zugunsten der Tagsatzung (‚nach Konvenienz') geltend gemacht, indem sie zu berücksichtigen hatte, ob die neue Bundesverfassung sowohl von der Mehrheit der Bürger wie der Kantone angenommen worden sei. Gegenüber der Willensbildung in den Kantonen hätte die Tagsatzung damit aber nicht eine selbstständige Willensbildung über den Erlass der Bundesverfassung beanspruchen können und wollen.

Dass das Bewusstsein der normunterworfenen Kantonsvölker über die Befugnis der Mehrheit der Kantone zur Bundesverfassungssetzung rationaler Geltungsgrund der Bundesverfassung von 1848 war, geht auch daraus hervor, dass sich die den Verfassungsentwurf ablehnenden Kantone ebenfalls dem

Mehrheitsbeschluss der Kantone unterwarfen. Niemals aber konnte Art. 1 der ‚Übergangsbestimmungen' normativer Geltungsgrund der Bundesverfassung von 1848 sein, da er – wie gesehen – nicht als Zuständigkeitsnorm konstruiert werden kann; denn es konnte im Staatenbund ja keine Instanz normativ zuständig erklärt sein, die Kompetenz zur Bundesverfassungsgebung zu normieren. Art. 1 der ‚Übergangsbestimmungen' war vielmehr eine schriftliche Formulierung des politisch-ethisch zu begreifenden Bewusstseins über die Befugnis der Kantone – und zwar, entsprechend dem demokratischen Prinzip, ihrer Mehrheit – zur Setzung der Bundesverfassung als des rationalen Geltungsgrundes der Bundesverfassung von 1848. Damit kann der Geltungsgrund der Bundesverfassung auch nicht normlogisch mit einer hypothetischen, vorausgesetzten Ursprungsnorm oder mit einer Zuständigkeitsnorm selbst erklärt werden. (...)

Das Schweizervolk als solches, also die Mehrheit der Gesamtheit der Stimmberechtigten aller Kantone, war noch nicht vom Bewusstsein über die Befugnis zur Setzung der Bundesverfassung getragen, sondern die Mehrheit der Kantone allein, d. h. die Mehrheit der gleichartigen Mehrheiten der Stimmberechtigten der verschiedenen Kantonsvölker. Erst die Bundesverfassung von 1848 hat das Schweizervolk (im Sinne der Gesamtheit der stimmberechtigten Bürger), mit anderen Worten seine Mehrheit, zum Organ der Verfassungsrevision statuiert, gemeinsam mit der Mehrheit der Kantone."[1]

---

[1]	Siegenthaler (Verfassungsrevision) S. 62ff.

Schluss

Die drei oben angeführten Beispiele, die erste schriftliche Verfassung Frankreichs, die Gründung Italiens und die Schaffung der Schweizerischen Eidgenossenschaft im Jahre 1848, zeigen das spezifisch Gemeinsame von verschiedenen politischen Wegen zum ersten Grundgesetz einer Gemeinschaft auf. Sie verdeutlichen Folgendes:

„Welcher Instanz die Zuständigkeit zur ursprünglichen Verfassungsgebung zukommt, (...) ist rechtlich nicht bestimmbar, da keine Instanz bezeichnet sein kann, die für die Schaffung der ursprünglichen Verfassung zuständig ist. Die verfassunggebende Instanz ergibt sich aus der jeweiligen politischen, soziologischen, ethnologischen, machtmäßigen Situation; ihre Konstituierung ist eine Machtfrage."[1]

Klarer kann man es nicht ausdrücken.

---

[1] Siegenthaler (Verfassungsrevision) S. 4, vgl. Murswiek (Verfassunggebende Gewalt) S. 208.

Exkurs 1:

Die Legitimität einer Verfassung

Ein zentraler Aspekt einer Verfassung ist ihre Legitimität. Man stimmt darin überein, *dass Richtpunkt der Legitimation der Geltungserfolg der Verfassung ist*[1] und dass sich die Legitimation einer Verfassung nicht aus einem einmaligen Gründungsakt herleiten lässt. So zeigt ein Rechtsvergleich, dem sich der Rechtsgelehrte Beyme widmet, dass fast alle Verfassungsordnungen eine oligarchische Entstehung hatten[2], ursprünglich also an einer Legitimitätsschwäche litten. Ebenso kann eine Verfassung, die durch die Androhung von militärischer Gewalt geprägt worden ist, der Legitimität ermangeln. Laut den europäischen Staats- und Regierungschefs bezieht auch die Europäische Union ihre Legitimität nicht aus ihrem völkerrechtlichen Entstehungsakt, der ja schon Jahrzehnte zurückliegt, sondern im gegenwärtigen Zeitpunkt zunächst einmal „aus den demokratischen Werten, für die sie eintritt, den Zielen, die sie verfolgt, und den

---

[1] Stellvertretend für viele Isensee (Verfassung) S. 80.
[2] Vgl. von Beyme (Verfassunggebende Gewalt).

70

Befugnissen und Instrumenten, über die sie verfügt". Des Weiteren bezieht die Europäische Union ihre Legitimität auch aus demokratischen, transparenten und effizienten Organen. Schließlich leisten, immer noch laut den Staats- und Regierungschefs, auch die einzelstaatlichen Parlamente im gegenwärtigen Stadium einen Beitrag zur Legitimierung der Europäischen Union.[1] Und wo bleiben die europäischen Bürgerinnen und Bürger bei all dem? Für die europäischen Staats- und Regierungschefs spielen diese bei der Frage der Legitimität der Europäischen Union wohl keine Rolle. Nicht so z. B. in einem künftigen Grundgesetz für die Europäische Gemeinschaft! Eine Verfassung gewinnt ihre Legitimität hauptsächlich durch ein fortdauerndes „plébiscite de tous les jours" (ein tägliches Plebiszit) der Bürgerinnen und Bürger, die sich auf die Verfassungsregelungen einlassen und sie mit Leben füllen.[2] Legitimität schließt unter solchen Umständen notwendig ein gewisses demokratisches Moment in sich, geht es doch bei allen Legitimitätsfragen – wenn auch auf sehr unterschiedlichen Bewusstseinsstufen – um das Ausmaß innerer Zustimmung der Einzelnen zu der sie

---

[1] Staats- und Regierungschefs, Europäischer Rat, Laeken, 14./15. Dezember 2001, Schlussfolgerungen des Vorsitzes, Anlage I, ‚Erklärung von Laeken zur Zukunft der Europäischen Union', S. 35.

[2] Vgl. Isensee (Verfassung) S. 81, 103.

betreffenden Verfassungsordnung.[1] Die Frage der Legitimität erlangt also erst dann ihre hohe Bedeutung, wenn die geschaffene Verfassung in Geltung getreten ist. Das Gesagte bestätigen die folgenden Ausführungen, die sich auf gegenwärtige und alte Verfassungen einiger Mitgliedstaaten der Europäischen Union beziehen:

„Alle vierzehn Verfassungstexte sind in einer demokratischen Prozedur, in der einen oder anderen Form zustande gekommen. Einschränkungen muss man hinsichtlich der luxemburgischen Verfassung machen, denn als sie ausgearbeitet wurde, war das Großherzogtum noch gar keine Demokratie; die verfassunggebende Körperschaft beruhte auf dem Zensuswahlrecht. Allerdings erfolgten die späteren, substantiellen Revisionen durch ein demokratisch gewähltes Parlament.

Die Verfassungsgebung konnte durch ein ‚normales' Parlament erfolgen, häufiger durch eine eigens gewählte verfassunggebende Versammlung, zusätzlich durch einen Volksentscheid oder sogar, wie 1958 in Frankreich, nur durch ein Referendum ohne vorherige parlamentarische Beratung und Verabschiedung. Das (deutsche) Grundgesetz bildet insofern eine durch die besondere historische

---

[1] Vgl. Müller (Legitimitätsprobleme) S. 104.

Situation bedingte Ausnahme, als der Parlamentarische Rat nicht direkt gewählt war, sondern sich aus Vertretern der Landtage der westdeutschen Länder zusammensetzte. Die Ratifizierung erfolgte weder durch den Bundestag noch durch einen Volksentscheid, sondern durch die – allerdings demokratisch gewählten – Landtage.

Gerade dieser Fall zeigt aber, dass das Prozedere bei der Verfassungsgebung für die Legitimität der Verfassungen nicht überschätzt werden sollte. Es ist keineswegs so, dass eine mit dem ‚ur'demokratischen Siegel einer Volksabstimmung versehene Verfassung allein deswegen eine höhere Legitimität besitzt. (Trotz dieser ‚Weihe' besaß z. B. die Verfassung der IV. französischen Republik nur eine schwache Legitimität.) Wichtiger ist, ob die Verfassung von einer breiten Mehrheit getragen wird (was z. B. bei der Verfassung der IV. Republik nicht der Fall war) und ob diese Verfassungsmehrheit erhalten bleibt (was z. B. in der Weimarer Republik nicht der Fall war). Ein ‚Machtwechsel', der die Verfassung intakt lässt, kann ihre Legitimität zusätzlich besonders dann stärken, wenn die Parteien bzw. Personen, die nun die Mehrheit besitzen, die Verfassung ursprünglich abgelehnt haben (z. B. die Wahl François Mitterrands zum Präsidenten der Republik und die Bildung einer sozialistisch-kommunistischen Regierung in Frankreich 1981 oder

der Wahlsieg der PASOK, ebenfalls 1981, in Griechenland). Entscheidend für die Legitimität einer Verfassung wird auf Dauer sein, ob sie gut ‚funktioniert' und ob das politische Regime, dessen Fundament sie bildet, in der Bevölkerung durch politische und wirtschaftliche Leistungen möglichst breite Zustimmung findet. Dadurch können Verfassungen Legitimität einbüßen (Weimarer Republik, IV. französische Republik), es kann ihnen vor allem aber Legitimität zuwachsen, so dass eine ursprüngliche demokratische Legitimitätsschwäche mehr als ausgeglichen werden kann."[1]

Damit sollen die Ausführungen zur Legitimität einer Verfassung abgeschlossen werden.

---

[1] Kimmel (Einführung) S. XIIf.

Exkurs 2:

Der unvollendete Konstitutionalismus in Großbritannien

Großbritannien besitzt als einziger Staat der Europäischen Gemeinschaft nicht nur kein geschriebenes, sondern überhaupt kein Grundgesetz im vollen und normativen Sinne des Begriffs.[1] Gäbe man sich mit

---

[1] Der folgende Exkurs beruht auf der Bearbeitung folgender, auf die britische Verfassungsgeschichte Bezug nehmender oder damit in engem Zusammenhang stehender Werke, Abhandlungen und Abschnitte: Dicey (Constitution); Winterton (British grundnorm) S. 591–617; derselbe (House of Lords) S. 386–392; Marshall (Constitution) S. 29–68; Bogdanor (Constitution) S. xi–xxi, 3–28; derselbe (Monarchy) S. 1–41, 298–309; derselbe (Introduction) S. 1–28; derselbe (Conclusion) S. 689–720; Pannick (Human Rights Act 1998) S. 23–82; Barendt (Constitution) S. 137–146; Mirfield (House of Lords) S. 36–58; Bradley (Sovereignty) S. 23–47; derselbe (Parliament) S. 23–58; Charter 88 (Constitution); Wade (Sovereignty) S. 172–197; derselbe (Revolution) S. 568–575; Tammelo (Sovereignty) S. 495–513; Himsworth/Munro (Scotland Act 1998) S. 1–8; Brazier (Constitution) S. 96–128; Ridley (Constitution) S. 37–55; Bridge (Judicial Protection) S. 337–357; Lester (United

75

einem Verfassungsbegriff im halbvollen und nicht-
normativen Sinne zufrieden, wäre Großbritannien
tatsächlich in der gleichen Position wie die anderen
europäischen Staaten und hätte eine Verfassung, die
zum größten Teil sogar in schriftlicher Form vorläge.
Aber ein Gefüge von geschriebenen und unge-
schriebenen Prinzipien und Bestimmungen zu welchem
Zweck auch immer auf einer der Verfassung nach-
geordneten Stufe ist nicht nur keine rechtliche *Grund*-
ordnung; diesem Gefüge von Regeln, das die Politik
während des Spiels aufstellt und das sich an das Volk
richtet, fehlen auch die Eigenschaften einer Verfassung
und die ihr zukommenden fünf Funktionen. Wenn des-

Kingdom) S. 337–363; derselbe (History) S. 1–21;
Bridge of Harwich (Constitution) S. 115–120; Maitland
(England); Goldsworthy (Parliament); Smith/Hix (Groß-
britannien) S. 183–212; Bell (Souveraineté) S. 107–116;
Schmitt (Verfassungslehre) S. 44–47; Klein (Pouvoir
constituant) S. 35–48; Aubert (Fonction) S. 15–21;
Friedrich (Verfassungsstaat) S. 26–40; Stourzh (Verfas-
sungsbegriff) S. 97–122; Mayer-Tasch (Verfassungen)
S. 223–251; Burdeau (Science politique) Band IV, S. 30–
36; de Montesquieu (Esprit des lois) Band I, Buch XI,
Kapitel VI; Grimm (Zukunft) S. 75–96, 102–107; Baum
(Rights Brought Home) S. 281–303; von Simson
(Verfassung) S. 35–42; Leisner (Großbritannien) S. 179–
188; Jellinek (Staatslehre) S. 505–539; Limbach (Souve-
ränität); Sauerwein (Pouvoir constituant); Burckhardt
(Organisation/1927) S. 210–212; von Hayek (Freiheit)

halb die britische Rechtslehre von ‚Constitution of the United Kingdom' spricht oder im Folgenden mit Bezug auf Großbritannien von Verfassung gesprochen wird, meint man nicht eine Verfassung im normativen, sondern im deskriptiven, sozialen oder medizinisch-organologischen Sinn.

Die heutige britische Rechtslehre lässt sich in zwei Strömungen unterteilen. Die eine Strömung stellt sich hinter die vom großen englischen Rechtsgelehrten A. W. Dicey im Jahr 1885 in seinem Werk ‚Introduction to the study of the law of the constitution' aufgestellten Kernthesen; die andere weist zwar auch stets auf diese Kernthesen hin, die, so scheint es, einen fast absoluten und unveränderlichen Charakter haben, wirft diesbezüglich aber eine große Zahl von grundsätzlichen Fragen auf, ohne sie allerdings zu beantworten (obwohl die Zeit dazu längst reif wäre). Es ist nicht unsere Aufgabe, Fragen zu beantworten, welche ausschließlich die britische Rechtslehre zu beantworten hat, ja beantworten muss. Hingegen kann man ihr auf den Weg zur Beantwortung der aufgeworfenen Fragen einige Anhaltspunkte mitgeben, damit unrichtige Antworten vermieden werden.

S. 195–263, MacCord (Anti-Corn Law League); Hinde (Cobden); Adams/Adams (Entstehung) S. 25–75.

Dicey[1] stellt fest, dass vom *gesetzlichen* Standpunkt aus betrachtet das vorherrschende Charakteristikum des britischen politischen Systems die Souveränität des Westminster-Parlaments in London sei, und dies schon seit langem, wobei man unter ‚Parlament‘ den König (bzw. die Königin) und das Ober- und Unterhaus zu verstehen habe (kurz: ‚King in Parliament‘). Dicey präzisiert, dass die parlamentarische Souveränität nicht irgendeine Souveränität, sondern eine gesetzliche sei. In einem ersten Schritt erklärt Dicey die Natur der parlamentarischen Souveränität, in einem zweiten ihre Eigenschaften. Hinsichtlich der Natur der parlamentarischen Souveränität vertritt er die Ansicht, dass die Existenz der parlamentarischen Souveränität eine legale Tatsache (a legal fact) ist, anerkannt von den Gesetzen Englands; und weiterhin, dass die absolute Souveränität oder Vormachtstellung des Parlaments keiner gesetzlichen Beschränkung (no legal limitations) unterworfen ist; schließlich geht er auf Bedenken ein, die gegen die Doktrin, wonach unter der ‚britischen Verfassung‘ das Parlament eine absolut souveräne Legislative sei, vorgebracht werden könnten.

---

[1] Gearbeitet wird hier mit der achten und letzten, 1915 erschienenen Ausgabe, die danach noch mehrmals gedruckt wurde. Dem eigentlichen Werk stellte er in der achten Ausgabe eine längere Einführung voran, die auf die Entwicklungen im englischen Recht seit der Publikation der Erstausgabe eingeht. Dicey starb 1922.

Die Doktrin der Parlamentssouveränität bedeutet laut Dicey von ihrer Natur her, dass zum einen neben und über der gesetzgebenden Gewalt des Parlaments des Vereinigten Königreichs es nichts mehr gibt und zum anderen das Parlament im wahrsten Sinne des Wortes alles machen kann, was es will, alles, außer eine Frau zu einem Mann oder einen Mann zu einer Frau. Als Beleg für diese Sicht der Dinge zitiert Dicey eine klassische Passage aus Blackstones ‚Commentaries on the laws of England' (1765–1769), wo William Blackstone, der einflussreichste Jurist des 18. Jahrhunderts, aufzählt, was das Parlament alles könne (eben, es kann alles tun, was nicht von Natur aus unmöglich ist). Dem Zitat folgen historische Beispiele, welche die Doktrin von der höchsten gesetzgebenden Gewalt des Westminster-Parlaments stützen sollen, wie der ‚Act of Settlement' (1701), ein Gesetz zur weiteren Beschränkung der Privilegien der Krone und zur besseren Sicherung der Rechte und Freiheiten der Untertanen, oder der ‚Act of Septennial' (1715), ein Gesetz, das die Dauer der Legislaturperiode des Parlaments von drei auf sieben Jahre verlängerte; gerade dieser ‚Act of Septennial', so Dicey, sei zustande gekommen ohne Rekurs ans Volk und beweise, dass von einem legalen Standpunkt aus das Parlament weder Abgesandter der Wähler noch ihr Treuhänder sei; vielmehr sei es die souveräne gesetzgebende Gewalt im Staat, und ihre Gewalt lasse sich auf nichts zurückführen, schwebe also sozusagen in der Luft.

Unter Beizug historischer Beispiele wie beim Nachweis dafür, dass es über und neben dem Parlament nichts mehr gebe, postuliert Dicey, dass nach der Doktrin der parlamentarischen Souveränität ein Gesetz des Parlaments an nichts gebunden sei. Das bedeutet laut ihm den absoluten Vorrang des Gesetzes und umgekehrt den absoluten Nachrang aller anderen Gewalten; das würde auch das Gebundensein des Parlaments weder an Moralgesetze, Grundrechte, Vorrechte und internationales Recht noch an Gesetze bedeuten, die in früheren Legislaturperioden verabschiedet worden sind. Auch Bedenken und Theorien gegen die Doktrin der absoluten Souveränität werden von Dicey verworfen, wiederum unter Heranziehung historischer Beispiele, die den Bedenken und Theorien widersprächen. Er sieht zwar, dass die Gesamtheit der Wähler der dominante Teil der *politisch* souveränen Gewalt ist, die *gesetzlich* souveräne Gewalt liegt aber laut ihm ausschließlich beim Parlament.

Die Eigenschaften der parlamentarischen Souveränität, die man aus ihrer Natur ableiten könne, fasst Dicey in drei Gruppen zusammen: Das Parlament hat laut ihm erstens die Macht, in jedem Bereich Gesetze zu beschließen und jedes Gesetz abzuändern; fundamentale oder so genannte Verfassungsgesetze sind durch dasselbe Organ und im selben Gesetzgebungsverfahren zu ändern. Ein Gesetz über die Reform des Unterhauses, über die Abschaffung des Oberhauses, über die Errichtung eines Londoner Stadtrates, über die Einführung eines Straßenzolls, ein Gesetz über einen bestimmten Bereich im Zivilrecht (oder über die Zusicherung oder Sicherung von freiheitlichen und politischen Grundrechten) ist gleichwertig, wird im selben Verfahren erlassen und gehört in die alleinige Zuständigkeit des Parlaments, ist also stets ein ‚Act of Parliament'. Es gibt zweitens in normativer Hinsicht keinen Rangunterschied zwischen Verfassungs- und Gesetzesrecht. Und drittens gibt es im Vereinigten Königreich keine Gewalt, weder eine richterliche[1] noch eine andere, der das Recht zusteht, einen legislativen Akt des Westminster-Parlaments aufzuheben, für nichtig oder verfassungswidrig zu erklären. Und Dicey

---

[1] Die Tatsache, dass ein Gericht kein Gesetz aufheben darf, hat ihren Ursprung in der letzten und einzigen ‚Revolution' der englischen bzw. britischen Geschichte, der ‚Glorious Revolution' des Parlaments im Jahr 1688, die zu einem Thronwechsel führte. Als Dank dafür, sich im Kampf gegen den König auf die richtige Seite geschlagen zu haben, gestand das Parlament den Gerichten die Unabhängigkeit und ein großes Betätigungsfeld zu, allerdings mit der Einschränkung, dass sie die Gesetze nur anwenden und interpretieren, nicht aber Gesetze oder deren Gültigkeit in Frage stellen dürften (vgl. Art. 9 der ‚Bill of Rights' von 1689, wo es heißt, dass Parlamentsvorgänge (Proceedings in Parliament) vor keinem Gerichtshof angefochten oder in Frage gestellt werden sollen). Die britischen Gerichte sind (bis zum Erlass eines Gesetzes) Diener des ‚King in Parliament'.

schließt, dass gerade diese bemerkenswerten Eigenschaften die Flexibilität und Effizienz der britischen ‚Verfassung' ausmachten, im Unterschied zu den geschriebenen und damit rigiden Verfassungen der anderen Länder, deren Änderung einem in der Verfassung vorgesehenen speziellen Verfahren zu gehorchen hat. Soweit zur Natur und zu den Eigenschaften der parlamentarischen Souveränität, wie sie Dicey begriff.

Die Doktrin der parlamentarischen Souveränität ist unbefriedigend und wirft in der Tat viele Fragen auf. Nur die vier wichtigsten Punkte sollen hier gestreift werden:

1) Die englische Rechtslehre lässt die geltende englische Rechtsordnung, mit der britischen ‚Verfassung' an der Spitze, in einer Grundnorm enden, deren Identifizierung auf Schwierigkeiten stößt. Drei verschiedene Lehrmeinungen sind im Wesentlichen anzuführen. Ist die dem positiven Recht voraus liegende Norm bei der Reinen Rechtslehre Kelsens eine fiktive Kompetenznorm und bei der Naturrechtslehre das präpositive Recht, so ist sie gemäß der ersten Lehrmeinung in erster Linie die parlamentarische Souveränität, die im ‚King in Parliament' residiert. Laut der zweiten Lehrmeinung ist die Grundnorm nicht die parlamentarische Souveränität, sondern etwas, das ihr vorausgeht, ihre Grundlage (basis), ihre Quelle, deren genaue Identifizierung ebenfalls Probleme bereitet. Die maßgeblichen Vorschläge für die Begründung der

parlamentarischen Souveränität nennen a) Entscheidungen der Richter in Anwendung der Parlamentsgesetze oder Fortbildung von Gewohnheitsrecht; b) Parlamentsgesetze; c) das Zusammenspiel der Gerichte, des Parlaments und anderer Staatsorgane als historischer und gegenwärtiger Prozess; d) den König bzw. die Königin; e) den Willen der Wähler (wobei hierzu eingewendet wird, dass die politischen Rechte der Bürger wie auch das Grundrecht, seine Meinung zu äußern, nur auf Gesetzesstufe existierten, dadurch nicht gesichert seien und das Parlament kraft seiner absoluten Souveränität mit Gesetz Wahlen problemlos auf morgen oder übermorgen verschieben könne; wollten die Briten eine bestimmte Politik bestrafen, geschehe das immer *nach* dem Spiel). Die dritte Lehrmeinung hat demgegenüber die Suche nach einer normativen Basis für das Prinzip der parlamentarischen Souveränität aufgegeben. Sie kommt zum Schluss, dass die Begründung und Erklärung des Prinzips, soll sie nicht in einem normativen ‚regressus ad infinitum‘ enden, zu einem normativen ‚circulus vitiosus‘ (Zirkelschluss) führe, der Paradoxe produziere; anders gesagt: die parlamentarische Souveränität stelle ein Problem dar, das keine Lösung habe; sie führe zu einer Aporie (Unlösbarkeit).

2) Die ‚Souveränität des Parlaments‘ setzt die Existenz eines Parlaments voraus. Im Zuge der Dezentralisierung Großbritanniens (‚Devolution‘) haben die

Regionen Schottland, Wales und Nordirland[1], nicht aber England kurz vor der Jahrtausendwende ein Parlament erhalten und in bestimmten Politikbereichen die gesetzgebende Gewalt übertragen bekommen. Errichtet wurde z. B. das schottische Parlament durch ein gewöhnliches Gesetz des Westminster-Parlaments in London, den ‚Scotland Act 1998'. Das Gesetz vom 19. November 1998, als Ausdruck der absoluten legalen Souveränität des britischen Parlaments, hält in seinem Art. 1 Abs. 1 fest: „There shall be a Scottish Parliament." Wenn die Existenz des schottischen Parlaments auf einem britischen Gesetz (‚Act of Parliament') beruht, dann muss auch die Existenz des Westminster-Parlaments in London auf einer Norm beruhen. Genau auf diesen Umstand weist der große Rechtsgelehrte Burckhardt in seinem 1927 veröffentlichten Werk ‚Die Organisation der Rechtsgemeinschaft' hin; er stellt die Behauptung auf, dass, wenn Großbritannien sich der Form des Gesetzes bediene, um die Zuständigkeit zur Gesetzgebung zu ordnen, es sich in logische Widersprüche verwickele. Denn nehme man an, so Burckhardt, das englische Parlament sei zuständig, seine eigene Gesetzgebungskompetenz zu ändern, z. B. durch die Einschränkung der Mitwirkung

---

[1] Das Parlament von Nordirland wurde im Jahr 1973 mit dem ‚Northern Ireland Constitution Act 1973' aufgehoben (vgl. Art. 31) und durch die direkte Verwaltung unterschiedlicher Intensität aus London ersetzt.

des Oberhauses, müsse auch angenommen werden, diese Kompetenz sei in seinem Willen gegründet, was aber ein Widerspruch wäre.

„Wenn eine Behörde zur Gesetzgebung zuständig sein soll, kann es nur kraft einer Rechtsnorm sein, die sie verpflichtet; Zuständigkeiten beruhen stets auf objektivem Recht und begründen nicht subjektive Rechte, sondern objektiv-rechtliche Obliegenheiten. Eine Privatperson kann eine andere ermächtigen, ein Recht auszuüben oder auch es auf einen Dritten zu übertragen. Aber die englische Verfassung kann nicht die Mitglieder des Parlaments ermächtigt haben, ihre Zuständigkeit zur Gesetzgebung einer anderen konstitutionellen Behörde, z. B. einer Kammer, einer ersten Kammer oder dem Kabinett zu übertragen. Sonst hat die Verfassung selbst keine Zuständigkeitsordnung begründet, weil sie darüber keine Norm aufgestellt, sondern es der Willkür zufälliger Mitglieder des damaligen Parlaments überlassen hat, zu bestimmen, wer Gesetze für England zu machen hat. Wenn der Satz, dass das englische Parlament alles kann, ein Rechtssatz sein soll, muss er auch festnageln, was dieses ‚Parlament' ist. Lässt er diesen Punkt unentschieden, so ist es ein Wechsel auf den Zufall, und die Zuständigkeit zur Gesetzgebung ist tatsächlich nicht geordnet, nämlich durch eine Norm, welche diese Zuständigkeit bestimmt."[1]

---

[1] Burckhardt (Organisation/1927) S. 211f. Fn 2. Burckhardt bezieht seine Überlegungen auf das Parlamentsgesetz von 1911, das ein Verfahren einführt, das in bestimmten Fällen dem Oberhaus seine gesamte gesetzgebende Gewalt entzieht (indem nur noch die Zustimmung des Unterhauses und des Königs erforderlich ist), und außerdem die Höchstdauer der Legislaturperiode des Parlaments von den im ‚Act of Septennial' genannten sieben Jahren auf fünf Jahre verkürzt. Auch Dicey geht in seiner Einführung zur achten Auflage auf diese Problematik der Verschiebung der gesetzgebenden Gewalt innerhalb des Parlaments ein und deutet eine mögliche Veränderung des Charakters der parlamentarischen Souveränität an. Um diese Problematik in den Griff zu bekommen, geht er methodisch so vor, dass er zunächst die Lage kurz vor der Verabschiedung des Parlamentsgesetzes und dann die direkten Rechtswirkungen des Gesetzes (das mit Zustimmung des Oberhauses zustande kam) aufzeigt; und er schlussfolgert daraus, dass das Gesetz den Souveränitätsteil des Unterhauses stark vergrößert, den Souveränitätsteil des Oberhauses dagegen stark verkleinert habe, die Parlamentssouveränität aber weiterhin bei allen drei Elementen des Westminster-Parlaments liege, die zusammen zu agieren hätten.
Entsprechend dem Gesetzgebungsverfahren des Parlamentsgesetzes von 1911, das mit dem Parlamentsgesetz von 1949 im Sinne einer weiteren Machteinschränkung des Oberhauses abgeändert wurde, wurden bis 2004 sieben Gesetze erlassen: Government of Ireland Act 1914 (Irland wurde erst 1922 von Großbritannien unabhängig),

3) Dicey zitiert eine Passage aus dem Buch de Tocquevilles ‚Über die Demokratie in Amerika', in dem der Autor die Idee vorbringt, das englische Parlament sei zugleich gesetzgebende und verfassunggebende Versammlung. Dicey schreibt diesbezüglich, dass die Ausdrücke, wie sie de Tocqueville benütze, zwar ungenau seien und Kritik hervorrufen könnten, dennoch liefere seine Beschreibung des Parlaments als zugleich gesetzgebende und verfassunggebende Versammlung eine praktische Formel für das Komprimat der Tatsache, dass das Parlament jedes Gesetz abändern könne. Als ‚Gesetzgeber' könne es gewöhnliche Gesetze machen, als ‚Verfassungsgeber' könne es Gesetze machen, welche die Grundlage der Verfassung abänderten (‚shift the basis of the constitution'). Auch von der jüngeren englischen Doktrin ist der Versuch nicht unterlassen worden, parlamentarische Souveränität mit verfassunggebender Gewalt (originärer und abgeleiteter), so verstanden, wie sie die Französische Revolution gedanklich hervorgebracht und wie sie Eingang in die Rechtssysteme aller europäischen Länder gefunden hat, gleichzusetzen, beide als identisch zu betrachten und das britische Parlament somit

---

Welsh Church Act 1914, Parliament Act 1949, War Crimes Act 1991, European Parliamentary Elections Act 1999, Sexual Offences Act 2000, Hunting Act 2004. Man weist darauf hin, dass auf diesem verfahrensrechtlichen Weg das Oberhaus abgeschafft werden könne.

als Subjekt der verfassunggebenden Gewalt hinzu-
stellen.

In dem jedem demokratischen Grundgesetz zu-
grunde liegenden Axiom der Volkssouveränität steckt
begrifflich und gedanklich die Annahme, dass die Antwort auf die Frage, wer Subjekt der verfassunggebenden Gewalt ist, immer schon gegeben ist, bevor
die drei Staatsgewalten (gesetzgebende, vollziehende
und rechtsprechende) verfasst und ihre Existenz und
Kompetenz geregelt werden können. In einer grund-
legenden Arbeit mit dem Titel ‚Die Omnipotenz des
pouvoir constituant‘ (Die Allmacht der verfassunggebenden Gewalt) hat sich Sauerwein der Frage ge-
widmet, wer personal Träger und Subjekt der verfassunggebenden Gewalt ist. Wie er ausführlich zeigt,
geben sowohl die verfassungsrechtlichen Richtungen
des ‚Positivismus‘ (einschließlich der Reinen Rechtslehre Kelsens) und des ‚Dezisionismus‘ als auch die
beiden als ‚idealistisch‘ bezeichneten Auffassungen,
der dynamische und der statische Idealismus (zu
letzteren gehören die Vertreter des Naturrechts) unbe-
friedigende, d. h. nicht eindeutige Antworten auf die
Frage, wer Subjekt der verfassunggebenden Gewalt
sein kann (der König, eine andere Einzelperson, das
Volk, die herrschende Elite, das Parlament usw.). Er
greift deshalb auf einen Basissatz und eine Methode
zurück, die geeignet sind, zusammen ein unangreif-
bares Ergebnis zu liefern, d. h. eine Aussage, welche

Wissenschaftlichkeit garantiert. Als Basissatz wird die physikalische Basis gewählt, da sie die beste Gewähr für eine allgemeingültige Nachprüfung bietet. Das dem Verfassungsrecht eigentümliche Sachgebiet erfordert eine physikalische Basis, welche von vier Faktoren gebildet wird: 1. dem Menschen in seiner Pluralität; 2. der Verschiedenartigkeit jedes einzelnen Menschen; 3. der Begrenztheit des Raumes; 4. der Zeit. Diese vier Faktoren sind die absoluten Voraussetzungen jedes Verfassungsdenkens und berechtigt, als Grundgegebenheiten eingestuft zu werden, da mit dem Wegfall einer dieser Faktoren die Existenz einer Rechtsgemeinschaft aufgehoben ist. Als Methode wird die Logik gewählt. Sachlogik wird dabei jene Methode genannt, mit der logische Folgerungen aus der physikalischen Basis (d. h. den vier Grundgegebenheiten) gewonnen werden.

Die sachlogische Analyse einer Rechtsgemeinschaft hinsichtlich der verfassunggebenden Gewalt führt zum Ergebnis, dass von ihr absolut nur das Volk (oder Völker), d. h. die Gesamtheit aller Menschen in einer Rechtsgemeinschaft, als Subjekt oder Träger der verfassunggebenden Gewalt und damit als Quelle des Rechts anerkannt wird; und ferner, dass die Tätigkeit der verfassunggebenden Gewalt nicht mit der Setzung des (historisch) ersten Grundgesetzes erschöpft ist (also nicht damit, dass das Volk die Regeln *vor* dem Spiel aufgestellt hat). Vielmehr übt es eine dauernde Kontrolle über die verfassten, d. h. eingesetzten drei Gewalten aus (dies insbesondere in parlamentarischen Regierungssystemen, weil bei ihnen das Gebot der direkten Mitwirkung und Mitbestimmung aller Individuen nur mangelhaft erfüllt ist).

4) Viele Anlässe, über Sinn und Zweck von Grundrechten und -freiheiten ins Klare zu kommen, lieferte das britische Parlament in der entfernten und näheren Vergangenheit. Die mehrfache Suspendierung des Habeas-Corpus-Gesetzes von 1679, vielfach als Vollendung oder Krönung des Rechtsschutzes in England betrachtet, der ‚Townshend Revenue Act' von 1767 (Zollgesetz)[1] oder die ‚Corn Laws' (Getreidegesetze)[2] gehören zu den weit zurückliegenden An-

---

[1] Die ‚Townshend Revenue Act', benannt nach seinem Förderer Townshend, war dazu bestimmt, auf zahlreichen Einfuhrgütern einen Zoll zu erheben. Dieser Act verletzte zudem das ‚Habeas-Corpus' Gesetz von 1679 in der Weise, dass er den Zollorganen die Kompetenz gab, bei Bedarf in jedes Haus, jedes Lagergebäude, jeden Keller oder Raum einzudringen und, falls Widerstand geleistet würde, Türen, Kisten und Behälter aufzubrechen. Das Gesetz wurde 1773 durch den ‚Tea Act' ersetzt. Dennoch brachte es eine Verschärfung des Konflikts zwischen den amerikanischen Kolonisten und dem britischen Parlament, der seinen Höhepunkt in der amerikanischen Unabhängigkeitserklärung 1776 erreichte.

[2] Die Getreidegesetze, zwischen 1815 und 1846 in Kraft, brachten Zölle, die im offensichtlichen Interesse der britischen Großgrundbesitzer die Lebenshaltungskosten der Bevölkerung massiv in die Höhe trieben und Ursache

90

lässen, welche den Briten innerhalb und außerhalb
Großbritanniens die Erfahrung vermittelt haben, dass
die Maximen von Freiheit und Gleichheit auch bei
einem parlamentarischen Gesetzgeber nicht ohne
weiteres als gesichert gelten können. Zu den näher
liegenden Anlässen gehören die über 120 Gerichts-
urteile, darunter bedeutsame und weit reichende, in
denen Maßnahmen, Gesetze und Entscheidungen der
einzelnen Staatsgewalten in Großbritannien als Ver-
stöße gegen die Europäische Menschenrechtskonven-
tion (EMRK) beurteilt worden sind. Fast alles, was in
der EMRK verletzt werden kann, wurde verletzt, und
es gibt kaum einen Bereich staatlicher Regelung, der
von den Mindeststandards, die auf Sachverhalte schutz-
suchender Personen angewandt wurden, unberührt
blieb.[1] Um schutzsuchenden Personen den Gang nach

---

von Massenarmut und von Hungersnöten wurden. 1839
wurde in Manchester die ‚Anti-Corn Law League' ins
Leben gerufen, welche sechs Jahre später dank uner-
müdlichem Eifer und einem ganz England umspannenden
Propaganda-Apparat die Abschaffung der Korngesetze
erreichte. Der Begriff ‚Manchestertum' bzw. ‚Man-
chesterliberalismus' stammt von diesen Ereignissen,
wurde aber später durch konservative und sozialistische
Propaganda in einen Schmähbegriff für einen rück-
sichtslosen Liberalismus umfunktioniert.

[1] Viele tiefe Eingriffe in die Freiheitsräume der Inselbe-
wohner durch Parlament oder Regierung und nach-
geordnete Vollzugsorgane gehen darauf zurück, dass
diese willentlich die Vereinigten Staaten nachahmen, so

Strassburg zu ersparen, wurde im Jahr 1998 unter dem Leitspruch ‚Bringing Rights Home' der Kern der EMRK als ‚Human Rights Act 1998' ins nationale Gesetzesrecht inkorporiert und darin eine Prozedur vorgesehen, welche das Prinzip der parlamentarischen Souveränität nicht erschüttert, sondern es vielmehr mit einem wirksamen Grundrechtsschutz zu versöhnen versucht. Allerdings ist der Schwachpunkt der Inkorporation des ‚Human Rights Act 1998' und der darin vorgesehenen Verfahrensweise der, dass erstens mit ihm keine *echte* Freiheit gesichert wird, zweitens das Gesetz aufgehoben werden kann und drittens ein Kläger den Prozess verlieren kann, selbst wenn das Gericht erklärt hat, das in Frage stehende Gesetz sei mit dem Human Rights Act unvereinbar.

Gegen Bedrohungen von echter Freiheit, welche nicht von der Regierung, sondern vom britischen

---

wieder geschehen mit der Anti-Terror-Gesetzgebung von 2001, welche die Inhaftierung von Verdächtigen auf unbestimmte Zeit ohne Anklage und Prozess erlaubte. Das oberste britische Gericht hat diese Gesetzgebung im Dezember 2004 als mit der EMRK nicht vereinbar erklärt. In diesem Zusammenhang meinte einer der Richter anlässlich der Urteilsbegründung, dass die wahre Bedrohung für die Nation nicht vom Terrorismus ausgehe, sondern von Gesetzen wie diesen (oder von einer britischen Außen- und Verteidigungspolitik, die den Nährboden für den späteren Erlass solcher freiheitsbeschränkender Gesetze bietet).

Parlament ausgehen, bietet das Gesetzesrecht (und das Völkerrecht) keinen Schutz mehr. Folglich ist die freiheitliche Gesellschaftsordnung, solange sie lediglich auf der Ebene des Gesetzesrechts institutionalisiert ist, gegenüber dem britischen Parlament als alleinigem Inhaber der Rechtsetzungsgewalt unbeschützt und hat nur in dem Maß Bestand, wie dieses sich freiwillig den gesellschaftlichen Maximen der Freiheit und Gleichheit unterwirft. Sollen sie dagegen nicht nur vom Willen des Parlaments abhängen, sondern ihrerseits rechtlich festgenagelt werden, dann kann das nur aus der Position höherrangigen, auch die Gesetzgebung lenkenden und bindenden Rechts geschehen, das auf den Willen der britischen Bürger zurückgeht und echte Freiheit schützt.

Soweit die vier Punkte. Damit sind die Ausführungen zum unvollendeten britischen Konstitutionalismus abgeschlossen.

Literaturverzeichnis

Adams, W. P., Adams, A. (Entstehung)
: Die Entstehung der Vereinigten Staaten und ihrer Verfassung: Dokumente 1754–1791. Münster, 1995.

Aubert, J.-F. (Fonction)
: Nécessité et fonctions de la Constitution. In: Bieber, R., Widmer, P. (Hrsg.). L'espace constitutionnel européen = Der europäische Verfassungsraum = The European constitutional area. Zürich, 1995.

Barendt, E. (Constitution)
: Is there a United Kingdom Constitution? Oxford Journal of Legal Studies 17 (1997).

Baum, M. V. (Rights Brought Home)
: Rights Brought Home: Zur Inkorporierung der Europäischen Konvention zum Schutze der Menschenrechte und Grundfreiheiten in das nationale Recht des Vereinigten Königreiches von Großbritannien und Nordirland. EuGRZ 2000.

Bell, J. (Souveraineté)
: Que représente la souveraineté pour un Britannique? Pouvoirs 67 (1993).

Beyme, K. von (Verfassunggebende Gewalt)
: Die verfassunggebende Gewalt des Volkes: Demokratische Doktrin und politische Wirklichkeit. Tübingen, 1968.

Bogdanor, V. (Conclusion)
: Conclusion. In: Bogdanor, V. (Hrsg.). The British Constitution in the twentieth century. Oxford, 2003.

Bogdanor, V. (Constitution)

Politics and the constitution: Essays on British Government. Aldershot, 1996.

Bogdanor, V. (Introduction)

Introduction. In: Bogdanor, V. (Hrsg.). The British Constitution in the twentieth century. Oxford, 2003.

Bogdanor, V. (Monarchy)

The Monarchy and the Constitution. Oxford, 1995.

Bonjour, E. (Geschichte)

Geschichte der schweizerischen Neutralität. Band I. 6., durchgesehene Auflage. Basel, 1975.

Bonjour, E. (Gründung)

Die Gründung des schweizerischen Bundesstaates. Basel, 1948.

Bradley, A. W. (Parliament)

The Sovereignty of Parliament – Form or Substance? In: Jeffrey, J., Dawn, O. (Hrsg.). The changing constitution. 4. Auflage. Oxford, 2000.

Bradley, A. W. (Sovereignty)

The Sovereignty of Parliament – in Perpetuity? In: Jeffrey, J., Dawn, O. (Hrsg.). The changing constitution. Oxford, 1985.

Brazier, R. (Constitution)

The Constitution of the United Kingdom. The Cambridge Law Journal 58 (1999).

Bridge, J. W. (Judicial Protection)

Judicial Protection of Human Rights: The Federal Experience of the United Kingdom. In: Fleiner, T., Schmitt, N. (Hrsg.). Vers une constitution européenne: L'Europe et les expériences fédérales = Towards a European constitution: Europe and federal experiences. Freiburg (Schweiz), 1996.

Bridge of Harwich, N. C. (Constitution)
Attempts towards a European Constitution in the light of the British legal system. In: Schwarze, J., Bieber, R. (Hrsg.). Eine Verfassung für Europa: Von der Europäischen Gemeinschaft zur Europäischen Union. Baden-Baden, 1984.

Burckhardt, W. (Organisation/1927)
Die Organisation der Rechtsgemeinschaft: Untersuchungen über die Eigenart des Privatrechts, des Staatsrechts und des Völkerrechts. Basel, 1927.

Burdeau, G. (Science politique)
Traité de science politique. Band IV. Le statut du pouvoir dans l'Etat. 3., durchgesehene und erweiterte Auflage. Paris, 1983.

Charter 88 (Written constitution)
Towards a written constitution: Proceedings of the Charter 88. The Independent Constitutional Convention, Manchester, 1–3 November 1991. London, 1993.

Colas, D. (Textes constitutionnels)
Textes constitutionnels français et étrangers. Paris, 1994.

Cornu, G. (Vocabulaire)
Vocabulaire juridique. Paris, 2000.

Debbasch, R. (Constitution)
L'écriture de la constitution. In: Bart, J., Clère, J.-J., Courvoisier, C., Verpeaux, M. (Hrsg.). 1791, la première constitution française. Paris, 1993.

Deutschland (Parlamentarischer Rat)
Parlamentarischer Rat. Band I. Vorgeschichte. Boppard am Rhein, 1975.

Deutschland (Parlamentarischer Rat)

Parlamentarischer Rat. Band VIII. Die Beziehungen des Parlamentarischen Rates zu den Militärregierungen. Boppard am Rhein, 1995.

Deutschland (Parlamentarischer Rat)
Parlamentarischer Rat. Band IX. Plenum. München, 1996.

Dicey, A. V. (Constitution)
Introduction to the study of the law of the constitution. 8. Auflage. London, 1931.

Dierauer, J. (Geschichte)
Geschichte der Schweizerischen Eidgenossenschaft. Band V/zweite Hälfte. 1814–1848. 2., verbesserte Auflage. Gotha, 1922.

Duhamel, O., Mény, Y. (Dictionnaire)
Dictionnaire constitutionnel. Paris, 1992.

Emeri, C., Bidégaray, C. (Constitution)
La constitution en France de 1789 à nos jours: Etudes de droit politique et constitutionnel. Paris, 1997.

Europäischer Konvent
Entwurf eines Vertrags über eine Verfassung für Europa, dem Europäischen Rat überreicht auf seiner Tagung in Thessaloniki am 20. Juni 2003. Luxemburg, 2003.

Fetscherin, W. (Repertorium)
Repertorium der Abschiede der eidgenössischen Tagsatzungen aus den Jahren 1814–1848. Bände I und II. Bern, 1874/1876.

Feuz, E. (Schweizergeschichte)
Schweizergeschichte. 2. Auflage. Zürich, 1940.

Friedrich, C. J. (Verfassungsstaat)

Der Verfassungsstaat der Neuzeit. Berlin (-West), 1953.

Gagliardi, E. (Geschichte)

Geschichte der Schweiz. Von den Anfängen bis zur Gegenwart. Band III. Vom Zusammenbruch des Ancien Régime bis zur Gegenwart. Umgestaltete und erweiterte Ausgabe mit 548 Bildern. Zürich (etc.), 1937.

Goldsworthy, J. (Parliament)

The sovereignty of Parliament: History and philosophy. Oxford, 1999.

Grimm, D. (Zukunft)

Die Zukunft der Verfassung. 2. Auflage. Frankfurt/M., 1994.

Gruner, E., Haeberli, W. (Werden)

Werden und Wachsen des Bundesstaates 1815–1945. Aarau, 1955.

Handbuch der Schweizer Geschichte

Handbuch der Schweizer Geschichte. Band II. Zürich, 1977.

Hayek, F. A. von (Freiheit)

Die Verfassung der Freiheit. 3. Auflage. Tübingen, 1991.

Henke, W. (Verfassunggebende Gewalt)

Staatsrecht, Politik und verfassunggebende Gewalt. Der Staat 19 (1980).

Himsworth, C. M. G., Munro, C. R. (Scotland Act 1998)

The Scotland Act 1998. Edinburgh, 1999.

Hinde, W. (Cobden)

Richard Cobden: A Victorian outsider. New Haven (Conn.) (etc.), 1987.

Hummer, W., Pelinka, A. (Österreich unter ‚EU-Quarantäne')

    Österreich unter ‚EU-Quarantäne': Die ‚Maßnahmen der 14' gegen die österreichische Bundesregierung aus politikwissenschaftlicher und juristischer Sicht: Chronologie, Kommentar, Dokumentation. Wien, 2002.

Isensee, J. (Verfassung)

    Das Volk als Grund der Verfassung: Mythos und Relevanz der Lehre von der verfassunggebenden Gewalt. Opladen, 1995.

Jellinek, G. (Staatslehre)

    Allgemeine Staatslehre. 3. Auflage. Berlin, 1929.

Jellinek, G. (Staatsverbindungen)

    Die Lehre von den Staatsverbindungen. Wien, 1882.

Kimmel, A. (Einführung)

    Einführung. Kimmel, A. (Hrsg.). Die Verfassungen der EG-Mitgliedstaaten: Textausgabe mit einer Einführung und einem Sachverzeichnis. 4. Auflage. München, 1996.

Klein, C. (Pouvoir constituant)

    Théorie et pratique du pouvoir constituant. Paris, 1996.

Kölz, A. (Quellenbuch)

    Quellenbuch zur neueren schweizerischen Verfassungsgeschichte. Vom Ende der Alten Eidgenossenschaft bis 1848. Band I. Bern, 1992.

Kölz, A. (Verfassungsgeschichte)

    Neuere schweizerische Verfassungsgeschichte: Ihre Grundlinien vom Ende der Alten Eidgenossenschaft bis 1848. Band I. Bern, 1992.

Leisner, W. (Großbritannien)

Großbritannien (Verfassung; Verfassungsgeschichte) Commonwealth. In: Isensee (Hrsg.). Walter Leisner. Staat: Schriften zu Staatslehre und Staatsrecht 1957–1991. Berlin, 1994.

Lester, A. (History)
History and context. In: Lester, A., Pannick, D. (Hrsg.). Human rights law and practice. 2. Auflage. London, 2004.

Lester, A. (United Kingdom)
Fundamental Rights in the United Kingdom: The Law and the British Constitution. University of Pennsylvania Law Review 125 (1976/1977).

Limbach, J. (Souveränität)
Vorrang der Verfassung oder Souveränität des Parlaments. Stuttgart, 2001.

MacCord, N. (Anti-Corn Law League)
The Anti-Corn Law League: 1838–1846. 2. Auflage. London, 1975.

Maitland, F. W. (England)
The constitutional history of England. Cambridge, 1931.

Marshall (Constitution)
The Constitution: Its Theory and Interpretation. In: Bogdanor, V. (Hrsg.). The British Constitution in the twentieth century. Oxford, 2003.

Maunz, T. (Gewalt)
Die verfassunggebende Gewalt im Grundgesetz. In: Kurz, H. (Hrsg.). Volkssouveränität und Staatssouveränität. Darmstadt, 1970.

Mayer-Tasch, P. C. (Hrsg.) (Verfassungen)
Die Verfassungen der nicht-kommunistischen Staaten Europas: Mit einem Essay, verfassungs-

geschichtlichen Abrissen und einem vergleichenden Sachregister. 2., neubearbeitete Auflage. München, 1975.

Mirfield, P. (House of Lords)
Can the House of Lords lawfully be abolished? The Law Quarterly Review 95 (1979).

Montesquieu, C.-L. de (De l'esprit des lois)
Oeuvres complètes de Montesquieu. Band I. Esprit des lois, Lettres persanes, Considérations. Masson, A. (Hrsg.). Paris, 1950.

Morabito, M., Bourmaud, D. (Histoire)
Histoire constitutionnelle et politique de la France: 1789–1958. 4. Auflage. Paris, 1996.

Müller, J. P. (Legitimitätsprobleme)
Grundrechts- und Demokratiedefizite als Legitimitätsprobleme der EG – Überlegungen zu einem Beitritt der Schweiz. Zeitschrift für schweizerisches Recht 110 (1991).

Murswiek, D. (Verfassunggebende Gewalt):
Die verfassunggebende Gewalt nach dem Grundgesetz für die Bundesrepublik Deutschland. Berlin (-West), 1978.

Oechsli, W. (Einigung)
Die politische Einigung der Schweiz im 19. Jahrhundert. Bern, 1917.

Oechsli, W. (Formation)
La formation de l'unité politique suisse au 19e siècle. Bern, 1917.

Oechsli, W. (Unificazione)
L'unificazione politica della Svizzera nel sec. XIX. Bern, 1917.

Oechsli, W. (Unity)

The achievement of Swiss federal unity. The Cambridge Modern History. Band XI. The Growth of Nationalities. Cambridge, 1909.

Oechsli, W. (Quellenbuch/1910)
Quellenbuch zur Schweizergeschichte: Kleine Ausgabe in einem Bande für Seminarien und andere Mittelschulen. Zürich, 1910.

Oechsli, W. (Quellenbuch/1886)
Quellenbuch zur Schweizergeschichte. Zürich, 1886 (mit neuer Folge 1893).

Oppermann, T. (Nizza-Vertrag)
Vom Nizza-Vertrag 2001 zum Europäischen Verfassungskonvent 2002/2003. Deutsches Verwaltungsblatt 118 (2003).

Pannick, D.
Human Rights Act 1998. In: Lester, A., Pannick, D. (Hrsg.). Human rights law and practice. 2. Auflage. London, 2004.

Pavia, M. L. (1791)
La loi en 1791. In: Bart, J., Clère, J.-J., Courvoisier, C., Verpeaux, M. (Hrsg.). 1791, la première constitution française. Paris, 1993.

Rappard, W. E. (Bundesverfassung)
Die Bundesverfassung der Schweizerischen Eidgenossenschaft 1848–1948: Vorgeschichte, Ausarbeitung, Weiterentwicklung. Zürich, 1948.

Rappard, W. E. (Constitution)
La constitution fédérale de la Suisse 1848–1948: Ses origines, son élaboration, son évolution. Boudry, 1948.

Revisionskommission (Protokoll)

Protokoll über die Verhandlungen der am 16. August 1847 durch die hohe eidgenössische Tagsatzung mit der Revision des Bundesvertrags vom 7. August 1815 beauftragten Kommission. 1848.

Ridley, F. F. (Constitution)
The British Constitution and Constitutional Reform in Britain. In: Bieber R., Widmer, P. (Hrsg.). L'espace constitutionnel européen = Der europäische Verfassungsraum = The European constitutional area. Zürich, 1995.

Sauerwein, H. (Pouvoir constituant)
Die ‚Omnipotenz' des pouvoir constituant: Ein Beitrag zur Staats- und Verfassungstheorie. Frankfurt/M., 1960.

Schmitt, C. (Hüter)
Der Hüter der Verfassung. Tübingen, 1931.

Schmitt, C. (Verfassungslehre)
Verfassungslehre. München, 1928.

Siegenthaler, P. (Verfassungsrevision)
Die materiellen Schranken der Verfassungsrevision als Problem des positiven Rechts: Eine Studie zur Revision der schweizerischen Bundesverfassung. Bern, 1970.

Simson, W. von (Verfassung)
Traditionelle britische Vorbehalte auf dem Wege zu einer europäischen Verfassung. In: Schwarze, J. (Hrsg.). Vom Binnenmarkt zur Europäischen Union: Beiträge zur aktuellen Entwicklung des Gemeinschaftsrechts. Baden-Baden, 1993.

Smith, G., Hix, S. (Großbritannien)

Europäische Integration und nationales Verfassungsrecht in Großbritannien. In: Battis, U., Tsatsos, D., Sefanou, D., (Hrsg.). Europäische Integration und nationales Verfassungsrecht: Erträge eines Forschungsprojektes an der FernUniversität in Hagen. Baden-Baden (etc.), 1995.

Stourzh, G. (Verfassungsbegriff)
Vom aristotelischen zum liberalen Verfassungsbegriff. Zur Entwicklung in England und Nordamerika im 17. und 18. Jahrhundert. In: Engel-Janosi, F., Klingenstein, G., Lutz, H. (Hrsg.). Fürst, Bürger, Mensch: Untersuchungen zu politischen und soziokulturellen Wandlungsprozessen im vorrevolutionären Europa. Wien, 1975.

Tammelo, I. (Sovereignty)
The antinomy of Parliamentary Sovereignty. Archiv für Rechts- und Sozialphilosophie 44 (1958).

The Department of State (Germany)
Germany 1947–1949: The story in documents. Washington (D.C.), 1950.

Wade, H. W. R. (Revolution)
Sovereignty – Revolution or Evolution? The Law Quarterly Review 112 (1996).

Wade, H. W. R. (Sovereignty)
The basis of legal sovereignty. The Cambridge Law Journal 13 (1955).

Winkler, G.
Europa quo vadis – Die Anatomie eines europäischen Willküraktes. Österreichische Zeitschrift für öffentliches Recht und Völkerrecht 55 (2000).

Winterton, G. (British grundnorm)

The British grundnorm: Parliamentary supremacy re-examined. The Law Quarterly Review 92 (1976).
Winterton, G. (House of Lords)
Is the House of Lords Immortal? The Law Quarterly Review 95 (1979).